抗生素大使
弗萊明

郭怡汾　著

三民書局

打開每個人心中的「想像盒」

七十多年前，法國著名作家「安東尼・聖修伯里」寫過一本廣受歡迎並流傳至今的童話——《小王子》。書中那個好奇又好問的小男孩來自外星球，他純淨的心靈和真摯的感情，一直陪伴著我們地球上一代又一代人的成長。

作家聖修伯里曾經為小王子畫過一個可以讓綿羊居住的盒子。而作家自己也擁有一個珍寶盒，裡面收藏著老照片、舊信件和許多小玩意兒，他常常去翻弄這個盒子，想從中尋找創作的泉源。

三民書局的出版團隊也有這麼一個盛滿「想像」的大盒子，裡面匯集了編輯們經年累月的經驗、心得，以及來自作者、插畫家等的好主意和新點子。多年來，這個團隊不斷為小讀者們出版優秀的人物傳記、勵志叢書等。董事長劉振強先生認為這是出版人的使命，一個好傳統一定要延續下去，讓小讀者永遠有好書可讀，而且每一套書都要精益求精，各具特色。

因此，當我們開始構思下一套新書的方向，如何能夠既延續傳統，又能注入不同的角度和活力，呈現出一番新的面貌，便成為我們的首要考量。

編輯團隊圍坐在一起，慎重的打開我們的「想像盒」，希望從盒裡累積的智慧中汲取靈感。盒內的珍寶攤滿了桌面，眼前立即出現許多引導性的話語，大家一面仔細挑選，一面漸漸理出一個脈絡。

「書寫近代人物，更貼近小讀者的心靈。」

「介紹西方人物，增強小讀者對全球人物的興趣。」

「撰寫某個行業或某個領域中最有代表性的人物，他們的成就

對後世有重大影響，對小讀者有正面啟發作用。」

「多用說故事的方式寫作，以增加趣味性。」

「想像盒」就這樣奇妙的為我們搭起了一個框架，編輯團隊在這個架構中找到了方向，大家興奮的為新叢書定名為「近代領航人物」系列，並決定先從介紹西方人物入手。

框架既已穩固，該添進內容了。如何選取符合條件的撰寫對象，是編輯團隊的再次挑戰。我們又打開了「想像盒」……

「叮」的一聲，盒內跳出一個 "THINK" 的牌子，大家眼前一亮，「那不是 IBM 公司創始人湯姆士·華生的座右銘嗎？意思是要我們海闊天空的去想像，才能產生創意啊！」於是，話匣子打開了。

有人說：「我們每個人手裡都拿著手機，不需要長長的電話線連接，就能無遠弗屆的與人聯繫，但對有『無線電之父——馬可尼』之稱的這個聰明人，我們知道的並不多。」

有人說：「啊！有了，我們何不請最喜歡開飛機的聖修伯里帶大家到義大利去拜訪馬可尼呢？」

有人說：「馬可尼不是已經拍來電報，為我們安排好去巴黎看可可·香奈兒的時裝展示會了嗎？還要去倫敦聽約翰·藍儂的搖滾音樂演唱會哩！」

有人說：「我對時裝展示會沒有太大興趣，但是既然去了巴黎，我倒是很想去看看大文豪雨果筆下的聖母院，也許會碰見那個神祕的鐘樓怪人！」

有人說：「我希望去倫敦時，能走訪唐寧街十號，一睹英國第一位女首相，鐵娘子柴契爾夫人的丰采。」她輕輕咳嗽了一聲，接著說：「我的肺炎剛痊癒，是用了抗生素才治好的。聽說抗生素是英國

細菌學家弗萊明發現的，我也想順便彎去他在倫敦的實驗室參觀一下。」

有人附議：「那太好了，我可以在路邊書報攤買本英國大經濟學家凱因斯主編的《經濟期刊》來一讀。」

有人舉起手來，激動的說：「我原是個害羞沉默的人，自從去上了卡內基的人際關係課程後，才學到怎麼樣表達自己。我想說出我的心願，那就是去美國華盛頓的林肯紀念碑前，聆聽人權鬥士馬丁‧路德‧金恩博士精彩動人的演講〈我有一個夢想〉。再去附近的國會山莊，參加約翰‧甘迺迪的就職典禮，聽他充滿領袖魅力的經典名言，『不要問國家能為你做些什麼，要問你能為國家做些什麼。』」

有人跟著說：「我是環保和人道主義的支持者。既然我們到了美國，我想去緬因州，到環保使者瑞秋‧卡森收集海洋生物標本的海邊去走一走。也想去紐約的聯合國兒童基金會總部拜訪兒童親善大使奧黛麗‧赫本。這兩位心靈和外表都美麗的女士，一直是我最崇敬的偶像。」

看到大家點頭同意，他急忙追加：「啊，如果還能去洋基球場觀看棒球巨星貝比‧魯斯在球場啟用那天轟出的第一支全壘打，那我就太滿足了……」

編輯們彼此會心一笑，這是討論時常有的現象，抱著「想像盒」，天南地北，穿越時空。我們總嘗試以開放的思路，為「傳記」類型的叢書增添更多的新意。

這時一陣歡笑聲響起，原來是美國物理學家費曼為慶祝自己得到諾貝爾獎而開的派對。賓客中有許多知名之士，第一位登陸月球的太空人阿姆斯壯也在其中。聽說費曼正在調查挑戰者號太空梭故

障的原因，阿姆斯壯是他最好的太空顧問！費曼是位科學家，但他興趣廣泛，音樂、舞蹈樣樣精通。只見他隨著熱情洋溢的森巴舞曲，一面打著鼓，一面與現代舞創始人瑪莎・格蘭姆翩然起舞。

「別鬧了！費曼先生。」門口走進一位胖嘟嘟，面無表情的老頭，把大家嚇了一大跳！只見他拿起手上的擴音器說了一聲「卡」，啊啊，難道他就是那位驚悚片大導演希區考克？

他嚴肅的接著說：「受世人景仰的南非自由鬥士曼德拉先生剛剛辭世。請大家起立致敬。」

我們這趟「穿越之旅」中的二十位人物即將登場，希望他們的領航故事也能開啟小讀者心中的「想像盒」，將來或可成為另一個新領域中的領航人，傳承發揚人類的智慧和文明。

在此特別感謝為小讀者說故事的作者們，除了正文之外，他們都特別增寫了一篇數百字的「後記」，提綱挈領的道出各撰寫人物對世界的影響，提供小讀者更明確的閱讀指標。同樣也感謝繪製精彩畫面的插畫家們，為使圖文搭配相得益彰，不惜數易其稿。對編輯團隊能讓叢書順利的如期出版，我心存感激。對充滿使命感、長期為小讀者做出貢獻的三民書局，我致上最高的敬意。

對您，選擇讀這套叢書，我誠懇的說聲「謝謝」。有您的支持，讓我們有信心為小讀者打造更多優良讀物。

2013 年歲末寫於臺北

　　在與三民書局合作幾本書後，這次我離開傳統中國，進入西方世界。挑選負責的傳主時，我一眼就相中了亞歷山大・弗萊明，因為他所發現的「青黴素」可是醫療史上相當重大的其中一項發現，公共衛生出身的我耳聞良久，如今難得有這機會，怎可不趕緊搶下來，好好大書特書一番呢！

　　然而一旦開始搜集資料，我便面臨了重重困難。首先，臺灣過去只有「兩本」比較完整的弗萊明傳記，而我只找到其中一本。至於英文傳記，我倒是找到一本由凱文・布朗先生撰寫的傳記，他負責在聖瑪莉醫院設立「亞歷山大・弗萊明實驗室博物館」，在某種程度上算是弗萊明相關史料的權威，但問題是這本書早已絕版。幾經周折，總算查到成功大學圖書館有這本書，趕緊託了親戚朋友把書借出來，也好當作撰稿時最終極的參考資料。

　　雖說有了終極參考資料，我心裡還是很不踏實——這是創作者的通病吧，總覺得資料要多要詳細，才能下筆無虛。有次跟編輯通信時，我忍不住跟編輯說了我的困擾，沒想到一下子就收到編輯回信，還附上數本英文的弗萊明傳記！這真是及時雨啊，我感動得幾乎痛哭流涕，立刻一手英文字典、一手傳記的讀起書來，想說絕對不能浪費編輯的苦心，沒想到難題又接踵而至。

　　自文藝復興時代以來，西方世界進步極快，而 19 到 20 世紀這兩百年間的變化更可謂是天翻地覆。就以弗萊明來說吧，他小時候街上跑的仍是馬車，天上飛的也還是鳥兒，但等他進醫學院讀書時，汽車已成為主要的交通工具，載客的飛機也問世了。不過這種具體可見的變化我們還有辦法想像，醫學對抗的卻是看不見的敵人，已將現代醫藥視為當然的我們，是很難想像不過一百年前，這個世界

到處是傳染病，開刀要冒極大的感染風險，而面對種種致病菌挑戰的醫師竟無藥可用。

　　一百年的時間很短，世界卻徹底變了樣。若不詳加描述抗生素發現前的世界，讀者要如何理解弗萊明這個發現的偉大？我左思右想，不知該如何呈現這樣的背景變化。就在這時，陪孩子讀了真的有好幾十次的《魔法校車》系列叢書啟發了我的想像，我的導遊先生——抗生素騎士——瞬間出現在眼前，於是我知道怎麼下筆了。

　　《抗生素大使：弗萊明》這本書是我創作上的一個轉折，不但舞臺從古老中國轉到西方世界，敘述主題也從想像比重較大的古代世界，轉到距離現代更近、卻又相對顯得陌生的英國。在實際撰寫時，我援用醫療史的資料，來描寫抗生素出現前的醫療環境，又參考一些當時的照片嘗試將各個場景刻劃得具體，至於弗萊明的生平，我根據手上的四本中、英文傳記，重點描述弗萊明的生活經歷，他的幾個重要的科學發現。由於篇幅的關係，我略過了弗萊明的家庭生活與婚姻，也不述及他晚年隨抗生素而來的諸多榮耀。

　　要特別申明的是，本書所有與弗萊明有關的劇情與對白，均選自他實際的生活片段，除了「大戰教訓」一章裡弗萊明的演講。在第一次世界大戰期間，弗萊明針對傷口感染進行了一系列的研究，諸多史學家更認為，說到弗萊明最重要的學術成就，應是他在傷口感染及溶菌酶上的發現，而不是讓他得到諾貝爾生理醫學獎的青黴素。為了敘述上的方便，我以一場即席演講來概括弗萊明的傷口感染研究成果，但現實裡並沒有這場演講，請各位讀者明察。

最後，在初稿完成、回頭審視各章節的內容時，我猛然發現自己彷彿重回當年的課堂，公共衛生史、傳染病防制、抗生素與抗藥性菌種的擴散……這些老師講述過的課題又一一重現在眼前，也是撰寫本書的額外收穫。但既然本書是寫給小讀者看的，我認為我的責任主要在於，以引起小讀者興趣的活潑筆觸，確實描述抗生素這個發現的偉大之處，還有抗生素在使用了七十年後所面臨的嚴峻挑戰，並嘗試闡述以弗萊明這樣一個來自偏遠鄉村的窮苦孩子，如何能夠有這樣非凡的成就。我確信我已竭盡所能，只希望這成果能令各位讀者滿意，不負閱讀本書所投入的時間與心力。

郭怡汾

　　大學主修公共衛生，研究所攻讀的是衛生政策，幾年職場生涯也不脫醫衛相關領域，最後卻回歸興趣本身，趁料理家務、教養子女的空檔，寫寫文章、譯些小說以自娛。

　　書蟲一隻。能夠藉寫作這門工作，多方擴展閱書範圍，是生活裡最快樂的事，所謂「寓娛樂於工作」是也。本書是作者繼《汨羅江畔的悲吟：屈原》、《一件裘衣三十年：晏嬰》、《牛郎織女傳》、《鏡花緣》（即將出版）之後，與三民書局合作出版的第五本書籍。

抗生素大使
弗萊明

CONTENT

弗萊明

1881～1955

　　穎穎生病了。起初是發燒、咳嗽、渾身無力，這些症狀讓他很不舒服，成天病懨懨的只想賴在床上。小兒科醫師開的藥吃完後，穎穎的病情還是沒有好轉，只要退燒藥的藥效一過，體溫就節節升高。到了晚上，穎穎已經燒到 39.5℃，卻覺得整個人好冷、好冷，冷到不由自主開始打顫。

　　媽媽很著急，火速帶穎穎去醫院掛急診。值班醫師看完穎穎的血液檢查報告和 X 光照片後說：「發炎指數增高了，胸部 X 光照片上出現不正常的陰影，加上有高燒、畏寒的症狀，懷疑是細菌引起的肺炎，得馬上住院治療才行。」

　　「肺炎？要住院？很嚴重嗎？我會死掉嗎？」穎穎冷得上下排牙齒一直打架，在凳子上幾乎沒

法坐直身體，這狀況讓他覺得更害怕了，不禁捏緊媽媽的手。然後他聽見醫生說：

「小朋友，你乖乖待在醫院打幾天抗生素，很快就會好了。」

「抗生素？那是什麼？」穎穎從沒聽過這種東西。

醫生笑著對穎穎說：「抗生素是一種可以用來消滅細菌的藥劑，是英國一位名叫亞歷山大‧弗萊明的細菌學家發現的。現在你的免疫系統比較衰弱，無法對抗細菌的侵犯，才讓細菌跑進肺裡造成發炎的現象，這時我們就要注射抗生素，來幫忙把體內的細菌殺死。聽懂了嗎？」

「懂。」說是這樣說，穎穎其實迷迷糊糊、半懂不懂。不過這會兒他身體實在太難受，也沒心情追問下去。

晚上十點時，穎穎裹著毯子，窩在床上聽媽媽念故事書。醫生開的藥確實有效，雖然他的高燒還沒完全退，但至少已不再冷得發抖。感覺好

點了的穎穎看向高高掛起的點滴袋，想到先前護士阿姨用針筒把藥水注入點滴袋裡，說那藥水就是大名鼎鼎的「抗生素」，忍不住要問媽媽：「媽咪，為什麼抗生素可以幫忙把細菌殺死呢？那個什麼細菌學家又是怎樣發現抗生素的？」

媽媽剛好把故事書念完了，一邊闔上故事書一邊說：「媽媽也不知道呢。穎穎還是先睡覺吧，等病好了、出院了，我們再到圖書館去找答案好嗎？」

「那還要六天耶。只是肺炎，為什麼要住院住那麼久？」

「醫生說，這樣才能確定你的肺炎是真的好了。」媽媽幫他拉好被子，說：「睡覺囉，生病的人要多休息，這樣病才好得快。晚安，穎穎。」

「媽咪晚安。」說著穎穎偷偷握住媽媽的手，閉上眼睛開始睡覺、睡

覺、睡覺……睡不著。大概是因為這幾天睡太多了，他現在精神很好。悄悄張開一隻眼睛，發現媽媽睡著了，穎穎很興奮的把兩隻眼睛都睜開來。

　　病房天花板上的日光燈已經熄滅，只剩下床頭燈提供一點照明。他藉著那亮光，瞇起眼睛看向點滴袋，發現藥水還在一滴一滴的從袋子流進輸液管，最後注入自己的血管。他看得入迷，不禁要想：到底抗生素正在我的身體裡面做什麼呢？

　　想著、想著，他不知怎的竟覺得自己的身體在往下掉、往下掉、往下掉……

● ☆ ● ● ☆ ● ●

　　穎穎輕飄飄的降落在大樹上。

　　他踩著橫出的樹幹，抓緊頭頂的小樹枝，好

奇的四下張望。原來是片往西方逐漸高起的紅土高地，盡頭處有山頭陡然而立；放眼望去一派寸草不生，大大小小的土石四處散落，景象相當荒涼。他還在想自己應是做夢了，努力回憶這是哪個網路遊戲的場景，這時遠方隱約響起一陣悶雷似的聲音，腳下的樹幹也跟著微微震動了起來。他伸長脖子看過去，什麼也沒瞧見，但那聲音卻越來越近，更參雜了些許模糊的叫喊。

　　「不管是哪個遊戲，還是先躲起來觀望一下比較妥當。」

　　想到這裡，雖說置身原野中這唯一一棵大樹上，算是相對安全了，穎穎還是小心翼翼往上爬，躲進樹冠層的最深處，然後撥開枝葉往外看。

　　地平線那方，慢慢出現幾面髒汙染血的旗幟，緊接著是零零落落的一支步兵，正連滾帶爬的往這邊逃來。追在他們後面的是一隊穿著胸甲、戴著頭盔的輕裝騎兵。看那騎兵從容不迫的驅策跨下戰馬，偶爾還拐出去把落單的步兵趕回

隊伍，活像牧羊犬在趕羊，就知道步兵根本無反擊之力，讓騎兵把這場所謂的戰役當成了遊戲。

　　穎穎仔細辨認，儘管步兵的旗幟破損凌亂，他還是從那髒成灰黑色的布面，認出一幀獅子圖樣。至於騎兵，囂張的舞在風中的，是一幅紅底黑龍旗。

　　雖然不知哪方是好人、哪方又是壞人，但穎穎很喜歡獅子，又最討厭故事裡那些仗勢欺人的惡霸，當場就在紅騎兵頭上畫了個大叉叉。

　　穎穎心想，既然這是他的夢，身為夢的主人，他應該可以修改劇情，偷幫步兵吧？可是要怎麼做呢？用想像力召喚個什麼天兵神將來幫忙嗎？

　　他還在想是要叫孫悟空來救命，或是召喚二郎神君時，眼前局面突然一變！

　　騎兵還在哈哈大笑，驅趕得步兵東躲西逃，一名步兵突然勇敢的回身出劍，大聲喊「殺」！

　　然後被紅騎兵的戰馬一腳踩得稀巴爛。

　　穎穎呆住了，嘴巴張得大大的，簡直不敢相信自己的眼睛。這、這、這真的是他的夢？他的夢怎會有這種兒童不宜的血腥場面？接下來，他就這樣躲在樹上，眼睜睜看著紅騎兵指揮戰馬，把步兵一個接著一個踩在鐵蹄底下；髒兮兮的獅子旗終於倒下，躺在塵埃裡。

　　穎穎不禁紅了眼眶。

　　他喜歡的獅子軍就要全軍覆沒了，可是他沒有武器、沒有力氣、沒有什麼法力魔力超能力，就連天兵神將也不搭理他這夢的主人的召喚，讓他只能很孬的躲在樹上看紅騎兵逞凶……

　　這時，遠方響起一陣號角聲，尖銳的聲音彷彿可以劃破天際，又有噠噠蹄音如雷奔來，飛速靠近。

　　「是救兵嗎？」

　　不只他這樣想，先前還在踐踏步兵取樂的紅騎兵，也開始整理隊形，拿起火槍對準前方，準備隨時發動攻擊。

　　噠噠蹄音越來越近，西方地平線上出現了另一隊騎兵，等到進入射程範圍，槍聲頓時「碰！碰！碰！」轟然響起，最前排的紅騎兵連個尖叫也沒有就倒成一片，第二排紅騎兵還來不及裝填子彈，第二陣槍聲已經響起，又一排紅騎兵應聲倒了下去。

　　「哇！還是裝備精良的救兵耶！」

　　穎穎幾乎要大聲喝采了，幸好他理智還在，趕緊摀住嘴，兩顆大眼睛眨也不眨的試圖看透那一片煙塵，看清救兵的形貌。

　　煙塵將霞光散射開來，在那片紅彤彤的光彩中，一隊身穿綠色軍裝的騎兵，手拿火力強大的連發短槍，瞄準紅騎兵不住射擊。等那槍聲停歇，紅騎兵已倒下大半，然後綠騎兵中有人一聲呼哨，大夥立刻通通抽出配刀，策馬衝向敵人。

　　鏘！鏘！短兵相接，兩軍陷入激戰。吆喝聲中，紅騎兵陸續被斬落馬下，命喪當場。綠騎兵挾著人數上的優勢，很快的就把紅騎兵打得潰不

成軍，倖存者眼看情況不妙，趕緊掉轉馬頭，慌忙敗走。

「太帥了！壞人就是注定要失敗的啦！」

討厭的紅騎兵逃跑了，穎穎樂得手舞足蹈。看著綠騎兵分出一部分人手，下馬去檢查步兵們的傷勢，他越發肯定綠騎兵是好人，趕緊手腳並用要爬下大樹，去瞧瞧打跑紅騎兵的真英雄。可這大樹實在太高，穎穎站在離地面最近的那根樹幹上，瞪著遠遠的紅土地面，兩隻腳居然有點抖。

要跳下去嗎？在夢裡這樣跳下去應該是死不了，可萬一嚇醒過來，不就沒法看見英雄們的真面目了嗎？

還在猶豫不決時，底下突然一個聲音傳來：「小朋友，壯起膽子跳下來，我會牢牢接住你的。」

穎穎循聲望去，只見是個綠騎兵。他已摘下頭盔，露出一張年輕卻又滄桑的面容，抓著頭盔的大手染了血色，胸甲上被子彈劃出數道彈痕，

一望可知剛才戰況的凶險。穎穎看了忍不住問他：「你是誰？」

「我是誰？」綠騎兵挑眉一笑，「我沒名字，不過你可以叫我『抗生素騎士』。」

「抗生素騎士？」穎穎驚訝極了，想也沒想兩隻腳就用力一蹬，往地面跳下去，碰的一聲被抗生素騎士接在懷裡。

「沒想到你這麼期待認識我們，說跳就跳啊。」抗生素騎士笑著說：「聽說你對我們很好奇，還不趁這個難得的機會把問題問清楚。」

抗生素騎士笑起來真是帥得不得了，穎穎突發奇想，覺得班上那票外貌協會的女生要是看到了，鐵定會尖叫到讓他的兩隻耳朵都聾掉。不過他也很疑惑，倘若這是他的夢，那抗生素騎士還能告訴他多少跟抗生素有關的事？

抗生素騎士沒等穎穎回過神，雙手扣住他的腰，讓他在馬背上坐好。接著騎士腳跟一頂馬腹，馬兒立刻灑蹄往前小跑，叩囉叩囉一路往前、往前，然後縱身一躍，四隻蹄子凌空輪番踩踏，居然就飛上了天。

穎穎看著腳下的紅土坡越去越遠，不禁興奮的嚷道：「哇，這真是太神了！」頂著迎面而來的呼呼風聲，他大聲問道：「但我們這是要去哪兒？」

抗生素騎士哈哈大笑，拍拍穎穎的腦袋瓜，然後說：「在了解抗生素、知道為什麼我們一度被稱為『神奇藥物』、還有弗萊明先生是怎樣發現我們的之前，我先帶你看一下現代醫學出現前的世界，看看那個醫學的黑暗時代！」

● ☆ ● ☆ ● ☆ ●

才一眨眼功夫，天色已經暗下，他們也飛抵一座城鎮。

穎穎低頭望去，只見高高低低、櫛比鱗次的屋子裡，透著星星點點的溫暖火光。但真正吸引

他注意的，不是那些讓他不由自主想起爸媽的燈火，而是披著黑色斗篷、手持長柄鐮刀的死神。他騎在骷髏馬上，盤旋在一戶人家的上方，每一次掉轉馬頭都牽動了森森白骨相互碰撞，發出一陣陣喀啦輕響。

　　穎穎背上的汗毛都豎起來了。他知道，這是死神在等待屋裡的人喪命。他張開嘴，正想問抗生素騎士一些話，突然聽到屋裡有個蒼老沙啞的聲音說：「產婦高燒不退，脈搏過快，腹部鼓脹，尿液色深濃濁，泛著惡臭……」

　　一個聲音很輕很輕的說：「是產褥熱嗎？」

　　「別胡說！」蒼老沙啞的聲音接著命令：「給她放血、灌腸以退燒，服用鎮定藥劑緩和脈搏，腹部敷上松脂藥膏……」

　　一陣忙亂的窸窣聲。

　　「產婦去了。」

　　「噢，可憐的孩子，才降世就沒有了母親。」

「願主賜福給妳。阿門。」

穎穎震驚的抬起頭，看見死神將鐮刀一揮，斬斷靈魂與肉體的聯繫，拉起那條可憐的靈魂扔到馬鞍上，又躍向另一戶人家。

抗生素騎士也騎馬跟過去，於是穎穎隔著那扇大窗子，看見裡頭正在動手術：三個人架著被綁在床板上的傷患，讓另一個穿著硬梆梆的漆黑袍子、看起來應該是醫生的人動刀子。很顯然病患沒上麻醉藥，因為他一路尖叫，拚命掙扎；醫生動作倒很俐落，三兩下就卸下病人發黑變形的右腿，再用一堆烏漆抹黑的破布包紮傷口。

穎穎忍不住大叫：「他沒搞錯吧？怎麼可以拿這麼骯髒的東西來包傷口！不怕細菌跑進去嗎？」

「你這問題很好。」抗生素騎士問道：「猜猜我們現在在哪裡？」

穎穎沒有概念，只好亂猜一通：「五百年前？」

「答錯了。這是 19 世紀中葉的歐洲！」抗生

素騎士宣布答案。「臨床醫學誕生在西元前 4 世紀的古希臘，但在之後的二千年間，尤其是整個中古世紀，可說是毫無進展。16 世紀時，弗賽里出版史上第一本解剖學圖譜，讓有志學醫的人終於能夠了解人體的構造。17 世紀時，天縱英才的哈維發現血液循環的奧祕，生理學於是誕生。18 世紀時的莫爾加尼一生解剖屍體無數，致力於發現『疾病的居所』，建立了解剖病理學。但這些偉大成就都無法解釋為什麼人會生病。」

　　穎穎想了想，「為什麼我們要知道人為什麼會生病呢？」

　　「傻孩子，不知道生病的原因，你要怎麼去預防與治療疾病呢？」抗生素騎士搖頭答道。「當醫師缺乏對致病因素的理解，只能參考種種未經證實的理論，按照他的經驗來治療病患時，你就會看到剛才那些用放血、灌腸——也就是讓病患拉肚子來退燒，或是用髒兮兮的破布來包紮傷口的做法了。」

　　穎穎吐吐舌頭，「那破布真的髒得很噁心，就連機車行的叔叔也不會拿來擦車子，沒想到他們居然拿來包裹傷口，這樣病患的傷口不出狀況才怪呢。」

　　「還好這種情況沒有一直持續下去。」抗生素騎士清清嗓子，繼續講課：「19 世紀中葉，法國的巴斯德發展出『菌源論』，說明是許多肉眼看不見的微小生物導致疾病的產生，並在 1880 年代成功研製出狂犬病與炭疽病的疫苗。1860 年間，

美國發展出的麻醉劑已廣泛應用在歐洲的外科手術上，英國的外科醫師李斯特引用巴斯德的理論，解釋傷口感染的現象，大力提倡在手術時廣泛使用消毒劑，殺死存在環境中的致病微生物，以減少傷口感染的發生率。1870 年到 1880 年間，德國的科霍更分離出數種會引發嚴重疾病的微生物，成功證明疾病與微生物間的關係，建立了細菌學。」

「總之，醫藥科學在 19 世紀下半葉有了非常驚人的進展，營養的改善，對衛生的注重，大幅降低了傳染病*發生的機率。可是即便如此，一旦病患受到微生物感染，醫師依舊是束手無策。比如說，產褥熱。」

抗生素騎士指指坐在骷髏馬背上哭泣的產婦幽魂，說道：「這是一種產婦在生產過程中，遭到

***傳染病**：微生物感染人體所造成的疾病，即是「傳染病」。這些致病微生物可分成病毒、細菌、黴菌與原蟲等四大類，不過一般我們講的「病菌」，多是指細菌而言。

細菌感染所引發的症狀，在沒有適當治療時，通常會造成產婦本人的死亡。還有先前在動手術的傷患，就算醫師動刀時使用消毒劑，努力保持傷口的乾淨，很可能還是有細菌躲在消毒劑處理不到的傷口深處，最後導致嚴重的細菌感染。此外還有各式各樣的細菌，引發足以致命的霍亂、傷寒、肺結核、鼠疫、肺炎、腦膜炎……敵人名單

長之又長，醫師卻一直要到弗萊明先生發現抗生素，才終於有了對抗這些『看不見的微小生物』的武器。」說到這裡，抗生素騎士一臉與有榮焉的挺起了胸膛。

穎穎回頭望去，死神仍騎著骷髏馬，在夜空中飛來馳去。想到這一夜不知將有多少人被疾病奪走性命，他忍不住打了一個哆嗦，「騎士先生，講古也講完了，我們還待在這裡做什麼啊？」

「說得好，我們還留在這個抗生素發現前的黑暗時代做什麼呢？」抗生素騎士啪的打了個響指，戰馬應聲躍向天際。「走！我們拜訪弗萊明先生去吧！」

天亮前，戰馬飛到了一片丘陵地。穎穎高高坐在馬背上，看著底下連綿起伏、夾雜著白色石塊的草坡，很疑惑的問道：「抗生素騎士，我們不是要來拜訪弗萊明先生嗎，怎麼跑到荒郊野外來了？」

抗生素騎士扯扯韁繩，戰馬頓時往下飛，眨眼間就降落在開滿石楠花的山坡上。一條石頭小徑從面前蜿蜒而去，通往一座石頭砌成、有著黑色屋瓦的白色低矮平房。「看見了嗎？前面那棟小房子就是弗萊明先生小時候的家。」

穎穎好奇的打量起小房子。說也奇怪，孤伶伶坐落在蒼茫綠野中的房子上方，這時居然出現一個黑色框框，框框裡寫著：達文鎮，洛區菲爾

達文鎮，洛區菲爾農場
抗生素的發現者——亞歷山大・弗萊明
1881 年 8 月 6 日誕生於此

農場，抗生素的發現者——亞歷山大・弗萊明
1881 年 8 月 6 日誕生於此。

穎穎不敢置信地揉揉眼睛。沒錯，那個框框
依然掛在房子上面，框裡的字也沒有消失，簡直
就像網路遊戲裡的場景說明一樣。他忍不住讚
嘆：「這真是太不可思議了！」

抗生素騎士輕笑一聲，說：「我們現在位於英
國蘇格蘭的西南部地區，海拔約八百公尺，氣候
長年陰鬱多雨，土壤貧瘠，不適農耕。弗萊明先
生的祖父在這裡建立了洛區菲爾農場，以種植燕

麥、飼養綿羊維生。到了這一代時，弗萊明家共有八個小孩，弗萊明先生排行第七，是個沉默、健康的孩子，家鄉的人都暱稱他為『艾力克』。」

隨著抗生素騎士的旁白，石屋大門打了開來，一個金髮藍眼的小男孩走到藍天下。他個兒不高，肩上扛著釣竿，腳步輕快的沿著小徑往山坡下走，沒走幾步又回過頭來問道：「穎穎，你不來嗎？」

「我？」穎穎驚訝的指指自己，抬頭望向抗生素騎士。

抗生素騎士眨眨眼，對他說：「現在你是弗萊明先生的鄰居，住在附近的一座農場裡。你昨天跟他約好一起去釣魚呢。」

穎穎懂了。弗萊明先生的鄰居——這就是他在夢裡的身分吧，跟玩電動玩具時扮演戰士啦、魔法師啦是同一個道理。可是……

「那你呢？」他問向抗生素騎士。

「我當然一起跟著釣魚去啦。」抗生素騎士

哈哈一笑。不知怎的，他的戰馬不見了，變成了
兩根釣竿和一個水桶。這事超神奇的，但說也奇
怪，弗萊明先生竟像是完全沒看到一樣。

事不宜遲，穎穎拉著抗生素騎士，朝弗萊明
走過去。「艾力克，你要帶我們去哪裡釣魚呢？」

「跟我來。」弗萊明掉頭往坡下走。

大概因為這是夢的關係吧，他們不一會兒就
來到樹林間的小溪旁。弗萊明駕輕就熟的告訴他
們在哪邊可以挖到最肥的蚯蚓，又教他們怎樣把
蟲子勾在魚鉤上才牢靠，還帶他們去有最多魚躲
著的地方。等把魚鉤拋進水裡，抗生素騎士自願
留下來看著魚竿，讓弗萊明帶著穎穎去找鳥窩、
搜集鳥蛋。

就這樣，穎穎跟著弗萊明滿山亂跑，聽他講
現在聽見的是哪種鳥的鳴唱，又是在哪裡作窩，
還有灌木叢底下的兔子真的超級笨，只要覺得自
己沒被發現就會靜靜待在原地，接著親身示範要
怎樣假裝沒看見兔子、一點一點的慢慢靠近，等

靠得夠近時迅速矮下身一把掠走小兔子……哇，弗萊明先生真的好厲害啊。

等到中午，他們已經搜集了三窩共十顆鳥蛋，便回去找抗生素騎士。這時抗生素騎士已經釣起五條魚，正握緊魚竿努力要拉起第六條魚。他們兩個也一起幫忙，一下子就把這條超大超肥的魚給拉起來了。

「太棒了！大豐收！」穎穎好開心，這是他第一次釣到魚呢。當然，還有第一次找到鳥蛋。

大夥把東西收拾收拾，啟程回家。在弗萊明的家門外跟他道別後，穎穎拉著抗生素騎士的手繼續往前走，一邊看著桶子裡的魚一邊問道：「然後呢？接下來這些魚怎麼辦？」

「不怎麼辦。」抗生素騎士打個響指，魚啊、桶子啊、釣竿啊，通通不見啦，變回原來的戰馬。

穎穎還沒驚訝完，就聽到弗萊明的聲音從門裡頭傳來：「媽咪，我今天釣到好幾條魚，還撿到十顆鳥蛋喔。」

屋裡的另個聲音答道：「艾力克真棒，晚上我們有主菜了。明天你大哥要到鎮上去，鳥蛋讓他順道拿去賣，貼補一點家用。現在你帶弟弟出去玩吧，自己要注意安全，回來時撿些泥煤，晚上暖爐才好升火取暖。」

「知道了，那我去玩囉。拜拜。」

門又吱呀一聲打開，兩個小男孩一前一後跑出來，眨眼間就去得遠了。

抗生素騎士解釋道：「這就是弗萊明先生的童年。農家生活很清苦，年長的孩子要幫父母分擔許多農場上的工作，年幼的孩子漫山遍野的四處遊玩探險，抓兔子、釣鱒魚、撿柴火、找鳥蛋。弗萊明先生在回憶童年生活時曾說，在這樣的玩樂過程中，他們得到許多大自然的知識，學會了觀察周遭事物的訣竅。這個本領對他以後從事研究工作有很大的幫助。」

「嗯，這個我懂。」穎穎點點頭說：「弗萊明先生帶我去找鳥蛋時，我發現他眼睛真的很敏銳，好多東西我都沒注意到，他卻通通瞧見了。像是鳥窩，我根本看不出它藏在樹上的哪裡，可是弗萊明先生就是觀察到了。」

這時，周遭景物好像按下快轉鍵的影片，一忽兒林木從濃綠變成枯黃，轉瞬間白雪紛紛飄落，一群孩子拿運煤車當雪橇，呼嘯地從山坡上滑下來，但只一個眨眼，就換成長高些了的弗萊明把熱呼呼的馬鈴薯塞進口袋溫暖雙手，然後背起書包上學去的畫面。

這次不用穎穎催促，抗生素騎士已駕起戰馬，跟著弗萊明往前走。穎穎望著前方的小男孩，發現他走走停停、東瞧西看，想必是在觀察大自然，便忍不住有點慚愧：因為自己上學就上學、回家就回家，路樹是什麼色的花、又有什麼蟲蛀了樹幹，這他通通有看沒到。

雖然弗萊明走路的速度實在很慢，但夢裡的

時間卻又詭異的過得飛快，一下子就抵達一座外表很簡陋的學校，上空有個框框標明這裡是「勞登摩爾小學」。

穎穎很好奇，摟緊馬脖子彎下腰，從校舍的窗子望進去。原來這學校小到只有一間教室、十個學生，看學生的個子有高有矮，想來不管是哪個年級的，全都集中在這間教室裡上課。這時弗萊明已經寫好黑板上的英文句子，他的老師誇獎他答案完全正確，要同學都給他掌聲鼓勵鼓勵。

「看來弗萊明先生很聰明呢。」穎穎邊說邊看弗萊明拿出口袋裡的馬鈴薯，當成中飯三兩口吃掉了。

「是啊，所以在他十歲時，為了接受更好的教育，就轉學到達芬爾鎮上一所規模較大的學校就讀，每天要走上四英里的路才能到學校。冬天有時雪下得太大，弗萊明先生就沒法回家，只能去鎮上的姑婆家過夜。」

場景隨著抗生素騎士的

話切換到達芬爾小學。穎穎看見弗萊明一路往前快跑，正要繞過轉角，忽然碰的一聲跟同學撞在一起。這陣撞擊真的很嚴重，把弗萊明的鼻梁都給撞斷了。

「你看到的是弗萊明先生在這裡發生過的最重大的事件，」抗生素騎士說明道。「這場意外在他身上留下終生無法消除的印記，日後有人看他鼻梁扁扁的，還以為是打拳造成的後遺症，就到處說他年輕時是位傑出的拳擊手呢。」

穎穎噗嗤一笑，「不曉得有沒有人聽信謠言，拿拳擊手套來跟弗萊明先生要簽名？」

抗生素騎士也笑了，隨後說：「等到十二歲時，由於弗萊明先生的成績很好，家人認為他該好好讀書，以後才有更好的發展，便送他去奇馬諾克中學。那所學校提供相當全面的教育，科學相關課程尤其好，只是遠在十六英里外，弗萊明先生不得不跟阿姨一起住在奇馬諾克鎮上，等到週末才能回家。不過他在這所學校也只讀了十八

個月就離開了。」

「為什麼？既然這學校很好，怎麼不讀到畢業？」穎穎問道。

「因為他要去——倫敦！」抗生素騎士打個響指，場景應聲一變！只見在一個晴朗的日子裡，弗萊明提著行李，登上蒸汽火車，在鳴鳴的氣笛聲中離開家鄉，去向南方。抗生素騎士也帶著穎穎駕起戰馬，穿梭在金光閃爍的雲層裡，追著火車的濃濃白煙往南飛奔。

●　☆　●　●　●　☆　●　☆　●

　　呼呼風中，遠方盡頭處出現一座大城市，大大的金色框框懸掛在城市上方，寫著：倫敦，英國首都，19 世紀時全世界最偉大的都市。

　　「18、19 世紀是英國的鼎盛時期，首都倫敦聚集了全世界最新穎、最先進、最耀眼的事物，也有無數人們來到這裡，尋求發展的機會。」這時抗生素騎士一聲吆喝，戰馬立刻撇下蒸汽火車，掉頭飛馳在鵝卵石鋪成的街道上空。

　　頭戴黑色高帽、手拿木杖的紳士，一襲曳地長裙、戴著漂亮花帽的女士，來來往往的馬車，巍然高聳的大笨鐘，宏偉肅穆的教堂，一望無際的美麗公園，籠罩街頭的灰色迷霧……這一切都令穎穎看得目不轉睛，讚嘆不已。

　　戰馬踏著泰晤士河的水光，追過一艘艘蒸汽船，從倫敦塔橋底下飛了過去，抗生素騎士清朗的嗓音也被風聲襯得越發明亮：「弗萊明先生的二哥湯姆曾在格拉斯哥大學研讀醫學，1893 年時

來到倫敦行醫，妹妹瑪莉也過來幫他管家。在大城市站穩腳跟後，湯姆認為相較於在蘇格蘭的鄉間務農，顯然倫敦提供年輕人更寬廣的道路，於是邀請弟弟約翰到倫敦，安排他進入光學產品公司學習製作鏡片。等約翰開始工作掙錢後，湯姆又帶上了最小的兩個弟弟艾力克——也就是我們的弗萊明先生——以及羅伯特。」

他指著街頭的喧囂人潮說：「穎穎你也看到了吧，跟蘇格蘭的寧靜山間比起來，倫敦是多麼熱鬧。閒來無事時，弗萊明家這兩個十四、五歲的小兄弟會揣著少少的零用錢，搭乘公共『馬』車遊覽大倫敦地區的各色景點，讓種種風景淡化他們的鄉愁。個性外向活潑的湯姆也發明了很多遊戲跟弟弟玩，像是歷史地理問題的搶答、各種橋牌遊戲，甚至還有拳擊，豐富了他們的生活。」

聽到這裡，穎穎忍不住打岔了：「難道他們來倫敦就只是為了玩嗎？」

「當然不是。湯姆是個很有責任心的哥哥，

為了培養弟弟的謀生能力，他鼓勵他們去攝政街理工學院念書，最後弗萊明先生選讀了商學相關課程。由於在奇馬諾克中學打下了良好基礎，他的成績相當優秀，提早兩年在十六歲時畢業了。」

「所以弗萊明先生接下來要去做生意？」穎穎越來越覺得這種人生轉折真是太神奇了。做生意耶！這樣他以後怎麼發現抗生素啊？

「倒也沒有。」抗生素騎士嘆口氣，看起來很無奈。「湯姆為弟弟做的生涯規畫雖然出發點很好，卻完全走錯了方向。弗萊明先生個性沉默寡言，一點都不適合做生意，也沒有興趣做生意。只是他已經讓哥哥負擔兩年的學費、生活費，實在不想繼續依賴下去，就在船務公司找了份工作，每天負責抄寫文件和記帳，薪水更是低，每小時 2 又 1/2 便士，差不多是吃一頓飯的錢。」

穎穎一聽急了。「這下該怎麼辦呢？弗萊明先生什麼時候轉行去研究細菌啊？」

「你可以親自問他。」說完，抗生素騎士

命令戰馬降落在地鐵附近的一排店鋪前，懸浮在其中一間店鋪上方的框框寫著：倫敦，馬里波恩路 144 號，眼科醫師湯姆・弗萊明的診所。他指著框框下的門說：「好了，快去敲門吧，弗萊明先生正好在家。」

穎穎乖乖去敲門，隨即受到弗萊明的熱烈歡迎——別忘了穎穎的身分是他的鄰居，有朋友自故鄉來，自然是要好好招待的。

當晚，大家一起吃著以麵包、馬鈴薯和肉餅為主的晚餐，一邊聊著家鄉事，就算偶爾地鐵經過讓房子一陣搖晃，也絲毫不減氣氛的熱烈融洽。後來話題轉到個人目前的情況，穎穎就問起弗萊明的打算。

弗萊明先生回答說：「我正在準備醫學院的入學考試。」

穎穎驚喜的瞪大了眼。

這時湯姆插口解釋道：「我們的叔父去世了，留給我們一大筆遺產，使艾力克可以辭掉那份做

了四年的無趣工作，專心準備六月分的入學考試。不過我要藉這機會跟艾力克說聲對不起。以前剛開始執業時，因為情況很不順利，對醫師這個行業失望極了，於是很反對艾力克走這一行，要他去讀一點也不喜歡的商科。但如今診所的經營上軌道了，我也不禁改變了對醫療業的想法。既然艾力克表示其實他對醫學很感興趣，我當然要好好支持他。」

「那太好了！」穎穎大聲說道，笑得嘴都要合不攏了。「艾力克那麼聰明，我想考試一定會很順利的。」

「那可不一定。」弗萊明先生害羞的笑道：「入學考要考的拉丁文，我一個字都不認得呢。」

「放心吧，考前惡補的事情包在哥哥身上！」湯姆拍著胸脯說：「哥哥去請老師來幫你上課，哪科沒把握，就補哪科。」

這番話令大家紛紛笑了起來。

初出茅廬的細菌學家

「抗生素騎士，弗萊明先生為什麼要加入義勇軍啊？」天空中，坐在馬背上的穎穎問道。原來上回見面時聊到今天會有義勇軍的活動，於是穎穎接受弗萊明的邀請，要去見識這個一百多年前的民兵組織。

抗生素騎士駕著戰馬，熟練地穿過一道窄巷。「倫敦蘇格蘭義勇軍當年是身在倫敦的蘇格蘭人，為了抵禦即將侵略英國的拿破崙軍團而成立的，後來雖然英國幸運的沒有遭受拿破崙的侵略，但這個民兵團體卻從此延續了下來。」

「1900 年時，波爾戰爭爆發，派駐在南非的英國軍隊節節敗退、處境艱困，於是英國政府下令徵召志願軍前往南非參戰，弗萊明家三兄弟也

在愛國心的驅使下，加入義勇軍的行列。不過由於英國駐軍在一年後就反敗為勝了，弗萊明他們便沒被送去南非。」

「還好他沒去，不然抗生素的發現者可能就要換人了。」穎穎鬆口氣，又問：「可是既然英國不需要派人去南非了，為什麼弗萊明先生還要繼續參加義勇軍的活動呢？」

「待會你不就知道了？」最愛賣關子的抗生素騎士，讓戰馬降落在一望無際的原野上。

戰馬還沒停穩，穎穎就迫不及待的跳下馬，拔腿往草地對面的營帳衝。跑了幾步，大腿上涼颼颼的感覺令他忍不住停下腳步，東拉西扯想把身上的裙子更往下拉一點。但這裙子怎麼就是不聽話，硬是只蓋到膝蓋，逼得他最後哀哀直叫：「抗生素騎士，我真的一定得穿這件裙子去嗎？」

抗生素騎士哼了一聲，「不識貨的小子，這件灰色的粗織呢絨裙，可是蘇格蘭人著名的傳統服

飾，更是倫敦蘇格蘭義勇軍的制服，別人想穿都還沒資格穿呢。」

「可是……可是……」穎穎好想抗議，卻一個理由都擠不出來。沒錯，男生穿裙子確實很奇怪，問題是在前面草地上集合的人，包括弗萊明在內，全都穿著同樣的裙子啊！

他還在這裡左右為難，弗萊明已經遠遠看到他，便快步跑過來，「穎穎，你來得正好，要集合出發了。你跟我一樣是 H 營的，走吧。」

穎穎立刻撇開讓他感覺彆扭的裙子事情，跟著弗萊明動身了。

接下來的幾天他們都在行軍中度過，途中還下起了雨，原野頓時變成一灘混著草梗的爛泥塘。穎穎混在義勇軍中，全身淋得跟落湯雞一樣，兩隻腳還不時陷入泥巴裡拔不出來，只得麻煩抗生素騎士把他拉起來站好。

六十英里，將近一百公里，這是蘇格蘭義勇軍訓練史上

最長的行軍距離，再加上大雨傾盆而下，使得這次訓練變成史上最嚴酷的考驗。穎穎當然是不累的，因為抗生素騎士早早就按下快轉鍵，從出發到抵達終點站，在他的感覺裡不過花了十分鐘，但其他人可真的累到了骨子裡，一到目的地就全垮成一團。

穎穎的「傑出」表現當然大家都看在眼裡，很快就有人過來跟他聊天，他於是發現：「原來這人平常是律師，那人是上班族，喔，居然還有醫師耶！抗生素騎士，為什麼他們難得放假，卻要來參加這種累死人的軍事訓練呢？」

「你沒發現嗎？這裡提供了這些離鄉背井的蘇格蘭年輕人，一個與家鄉子弟相處的機會啊。」抗生素騎士遞給他一杯熱茶一邊說：「平常大家忙著工作，也就這個時候才能聚在一起說說家鄉話，穿上傳統的蘇格蘭裙，吹奏蘇格蘭的傳統樂器『風笛』，讓想家的心情有個宣洩的地方。」

穎穎明白了。「弗萊明先生也是因為這樣，才

這麼熱衷參加義勇軍的活動吧。」

「是啊，」抗生素騎士答道。「在往後十四年的時光中，這裡一直是弗萊明先生社交生活的重心。他倒不曾想過要在義勇軍裡求取發展，自始至終都只是一名低階士兵，可這一點也不影響他的參與熱情。值得一提的是，他曾在 1913 年的義勇軍射擊比賽裡榮獲冠軍。」

「哇，沒想到弗萊明先生還是個神槍手呢！」穎穎一聲讚嘆。

「是的，而且你絕對不會想到，這個蘇格蘭義勇軍在弗萊明先生的職業生涯中扮演了多重要

的角色。」說著，抗生素騎士指指正往這邊走來的弗萊明先生，「這會兒考試差不多放榜了，問問弗萊明先生成績吧。」

穎穎趕緊跑過去問道：「艾力克，你考試過關了嗎？」

弗萊明笑道：「過了，成績比我想的還好。」

「那你決定好要上哪間醫學院了嗎？」穎穎追問。

「還沒，不過很可能會選聖瑪莉醫院附設的醫學院吧。」弗萊明回答。

「這學校很有名嗎？」穎穎很好奇。

「其實我也不知道。」弗萊明的回答非常令人跌破眼鏡。

「那你為什麼選這間？」穎穎很疑惑。

「首先是因為它是離我家最近的三所醫學院之一，」弗萊明答道，「其次是因為，我在義勇軍這邊加入的水球隊，曾跟他們的水球隊打過比賽，對這所學校稍微有點印象。」

　　穎穎簡直是無奈了。「你就憑這點印象決定未來啊?」

　　弗萊明卻笑了,「只要肯努力,在哪邊念書不都一樣嗎?」

　　畫面逐漸淡去,穎穎發現自己已經退離義勇軍的場景。他仰起頭,跟不知何時來到身邊的抗生素騎士抱怨道:「弗萊明先生的決定真是太草率了,你不覺得嗎?」

　　「換個角度想,或許這就是『冥冥中自有天意』吧,」抗生素騎士回答。「弗萊明先生不但在聖瑪莉醫院取得醫師資格,日後也在這裡工作,總計一生待在聖瑪莉醫院的時光長達五十四年,他最偉大的發現也是在這裡誕生的。」

　　穎穎突然發現抗生素騎士的話裡有個地方不對勁。「等等,你是說『醫師』——弗萊明先生不是細菌學家嗎?」

　　抗生素騎士哈哈一笑,說:「所以我們接下來要去看弗萊明先生人生中的另個轉彎。」他打個

響指，戰馬應聲出現在他身側。「上馬吧，小傢伙，時間是不等人的，而我們還有好多東西要看呢。」

· · ✪ · ✪ · ✪ · ·

抗生素騎士帶著穎穎來到聖瑪莉醫院的大門口。穎穎一邊聽他說話，一邊眼花撩亂的看著按下了快轉鍵後的景物變化。

「1901 年 10 月，弗萊明先生成為聖瑪莉醫學院四十八名新生中的一員。雖然因工作中斷過學業，但他的表現一點也不遜色，還連年贏得獎學金，證明自己是個天賦過人、極其傑出的學生。醫學院的課業雖然繁重，但他從不一天到晚埋頭苦讀，反倒寧可跟家人一起度過晚上的溫馨時光；他讀書時確實很努力專注，不過人們總覺得應付這些功課對他來說一點也不困難。」

「哇，這個本事真是令人羨慕，聰明真好。」穎穎嘆道。

「可是弗萊明先生能表現出色，也不只是因為他天生聰明，」抗生素騎士解釋道。「他讀書很有技巧，知道怎麼去抓重點，再按照邏輯順序，整理成一套很容易記憶的體系。他不會浪費時間在旁枝末節上，也不會讓不相干的東西困擾自己。總之，他是個不管讀書還是做事都相當有效率的人。」

「這個我一定要記起來！」穎穎興奮的直嚷：「這樣說不定我也能像弗萊明先生一樣，變成超級優秀的學生。」

「但弗萊明先生的校園生活可不只有課業而已，」抗生素騎士笑道。「聖瑪莉醫學院的社團活動非常豐富多樣，由於弗萊明先生向來喜歡比賽，認為人可以在團隊活動中把種種天賦本能磨練得更敏銳，於是加入了游泳校隊和射擊隊。他的同學，也是日後工作伙伴的班奈特教授就說，弗萊明先生『在這些競賽活動上展現

了真正的天賦，每一樣他都能很快掌握要領，表現出超凡的水準』。更有趣的是，1908 年的耶誕夜，弗萊明先生甚至還在醫院的話劇表演上，因為個子比較矮的關係反串演出法國寡婦，演技精湛得令所有人都為他叫好。」

潁潁聽得眼睛一亮，「抗生素騎士，我們這就去晚會現場看看好不好？」

抗生素騎士假裝生氣的瞪他一眼，說：「我們的時間有限，還是專注在重點上吧。」說著，他牽起潁潁的手往醫院裡走。「19 世紀的醫學教育主要還是傳授教師本人的執醫經驗，但到了 20 世紀初年，隨著各種科學與醫療的發展，醫學生轉而研讀生物、化學、物理等基礎課程，並藉由生理、組織、解剖、病理、藥理等學門的學習，明瞭人體各個系統和運作方式，以及疾病、藥物對人體的影響。這種課程安排其實已經跟我們現在的相差無幾了。」

走在幽幽暗暗的走廊上，抗生素騎士的聲音

高亢熱情，神采飛揚的臉龐彷彿泛著光。「新的知識、新的教育、新的思維、新的技術，在這個年代，一切都是嶄新的。弗萊明先生悠遊在這樣的氛圍裡，於 1904 年 6 月進入了醫院的各科病房，開始在臨床醫師的指導下，學習如何詢問病人的病史，如何診斷與確認病情，並執行一些比較簡單的手術。在這個階段，弗萊明先生依舊表現得非常好，幾乎囊括所有提供給醫學生的獎項。最後，出於經濟方面的考量，加上本身實力超群，他以學校許可的最短修業年限──五年──取得了學位，並於 1906 年 7 月通過考試取得正式的醫師資格。這項驚人成績在醫學院流傳多年，學弟妹們都把他當作偶像來崇拜。」

穎穎聽得好羨慕，猛的察覺抗生素騎士停下了腳步，便抬頭一看。

面前是一間實驗室，上面的框框寫著：預防注射部，從事人體免疫系統的研究，並發展疫苗以對抗疾病。主持人亞爾諾斯・萊特醫師於 1898

年發展出以死菌製成疫苗的技術，這項技術為疾病預防史上的一項偉大貢獻。

抗生素騎士輕咳一聲，說：「像弗萊明先生這樣剛取得醫師資格的年輕人，不管是直接去開診所，還是留在醫院繼續深造，最主要的問題都卡在資金上。」

「咦？」穎穎疑惑了，問道：「不是有叔父留給他的遺產嗎？」

抗生素騎士搖搖頭，回答：「醫學院的學費是很貴的，那筆錢雖然不少，但也只夠支付第一年

的學費，之後弗萊明先生都是靠獎學金才讀得起書。」

穎穎點點頭，懂了。

抗生素騎士又說：「還記得嗎？弗萊明先生會決定來聖瑪莉醫學院讀書，是因為他在義勇軍裡時曾跟醫學院的水球隊打過比賽。至於導致他的職業規畫從外科醫師轉向細菌學家的，則是他的另一項厲害的本事：射擊。」

「這樣也行？」穎穎真的驚訝了。「射擊技術跟細菌學家，其實一點關係也沒有吧？」

「你說的沒錯，但有時『機會』的來臨就是這麼奇妙，」抗生素騎士點點頭說道。「有個名叫約翰·費門的醫師，他在聖瑪莉醫院的預防注射部工作，很熱衷參加醫院射擊隊的活動。這時射擊隊已經贏得 1905 年醫院盃射擊比賽的冠軍，正在為另一項全國性射擊比賽做準備，於是費門醫生很擔心，倘若在這個節骨眼失去弗萊明先生這樣一個神槍手，冠軍獎盃可能就飛走了。」

　　穎穎興奮的叫道：「那他還不趕快找方法把弗萊明先生留下來？」

　　抗生素騎士笑了。「很湊巧的，預防注射部裡有個研究助理的職缺，於是他先去說服他的上司，也就是著名的病理暨細菌學家亞爾諾斯·萊特僱用弗萊明先生，再去說服弗萊明先生先過來做些跟細菌學有關的研究工作，等醫院有外科醫師的缺時再轉過去。」

　　「就這樣？」

　　「就這樣。於是弗萊明先生就因他精湛的射擊技巧，得到了一個他從沒想過要做、卻發現自己頗為樂在其中的工作，最後有了偉大的發現，令他此後名揚全世界。」抗生素騎士感慨的說完這句話，隨即語氣一變，對穎穎叮囑道：「所以，不管我們做什麼事情都要全力以赴，因為你周遭的人總是透過你做的事情來認識你，決

定要不要把機會給你。」

　　穎穎聽得似懂非懂，但有個重點他倒是抓住了：不管做什麼事情都要努力，因為天知道什麼時候會用上呢。

　　接著，抗生素騎士打開門，領著穎穎走進去。

　　研究室裡頭，一名體格高大壯碩，長相非常威嚴的中年男子，正在跟他的研究員講話。內容應該是有關研究的事，穎穎完全聽不懂，卻絲毫不影響他從對方的聲音、語氣、手勢中，感受到一種好像要去做什麼很棒的事情的興奮感。

　　抗生素騎士指著那個中年人說：「這位就是萊特先生，英國皇家學會會士，大力鼓吹以注射疫苗來提升人體的免疫功能。你可能不覺得這有什麼了不起，畢竟你們從小就打了許多預防針，學校更會在冬天到來前，請護士到學校去幫你們打流感疫苗。但在一百多年前，『預防注射』可是最先進、甚至是最激進的醫學概念，反對的人可能比贊成的還要多。」

「為什麼要反對呢？」穎穎不明白。「明明有很多病在打了疫苗後就不會發生了，好處很明顯啊。」

「因為這個概念太新了。」抗生素騎士嘆口氣。「別忘了，細菌學這門學問從建立到這時也才三十年，狂犬病、炭疽病、霍亂、傷寒等疫苗更是相當新的發明，很多人，包括醫生在內，都相當懷疑大規模施打疫苗能帶來多少好處。波爾戰爭期間，當萊特先生要幫英國軍隊注射疫苗，藉此提高士兵對傷寒這種致命傳染病的免疫力時，不僅軍官反對他，就連醫師也擔心施打疫苗不但沒能預防疾病，反倒引發傷寒大流行，於是中止了這項計畫。」

「喔，這真是太糟糕了。」穎穎也跟著嘆了一口氣。

「最後，有志難伸的萊特先生辭去在軍方的工作，轉到聖瑪莉醫院建立了預防注射部，運用他的學識、能力與口才，令社會大眾越來越接受免疫療法。他一方面更進一步研究人體的免疫系統，研發與改良疫苗，並以販售疫苗所得的資金，來補助研究所需經費；另方面則是——」

抗生素騎士做了個手勢，要穎穎看向所有專心聽萊特先生講話的青年研究員。「你看到他們的表情了嗎?這些人，他們相信萊特先生的主張，相信在他們的努力下，疫苗定會在人類對抗疾病的戰爭上，扮演極其重大的角色，拯救無法計數的生命。」

穎穎嚴肅的點點頭，又仔細看了一會兒萊特先生，努力記住對方的樣貌，因為他知道自己不會再有機會認識這樣一位偉大的人物。

只見研究室裡，萊特先生站在眾人之前，堅

定自信、充滿熱情的說：「所有降臨在文明世界的不幸事件中，疾病是最可怕的一項。我相信，在我們的努力下，醫師成為提供免疫功能的人的那天就快到了……只要能確認是哪種細菌引起疾病，注射正確的疫苗激發人體的免疫反應，就能讓病人得以痊癒……」

抗生素騎士也同樣景仰的看著萊特先生，一邊輕聲說：「弗萊明先生就從這裡踏上了他成為偉大細菌學家的道路。即使日後由於抗生素的發現，萊特先生發展出的免疫療法終究退出了歷史舞臺，弗萊明先生對萊特先生的尊敬卻絲毫不曾動搖過。」

　　說到這裡，抗生素騎士語氣突然一轉：「但在萊特先生手底下工作很辛苦。他是個很專制的人，不許任何人質疑他的決定。員工的表現若趕不上要求的水準，就會遭到嚴苛的挖苦責備。預防注射部的工作量很龐大，萊特先生常領著大家工作到半夜，有時就睡在實驗室裡；工作中難得停下來聊天、喝茶的時候，他會即席引一首詩，要大家猜作者是誰。」

　　「還要抽考啊？」穎穎聽得臉都垮下來了。

　　「能在預防注射部工作的人，不是名校畢業的，就是有顯赫的家世，弗萊明先生在這裡一開始是很不起眼的。他又不愛講話，讓喜歡員工踴躍表達意見的萊特先生不是很欣賞他。直到他發現弗萊明先生做事很勤快靈巧，沉默歸沉默，一旦說話卻是一針見血，還總能答出他考大家的詩是誰作的，才終於對弗萊明先生有了不錯的印象。」

　　「那就好。」穎穎總算鬆了一口氣。

「至於弗萊明先生呢，一開始他還沒完全放棄對外科醫師的想望，硬是擠出時間在 1909 年完成外科醫師訓練，取得專業執照。不過隨著對細菌學的興趣越來越濃，他終於放棄了外科醫師這條路。總之，1906 年到 1914 年間，弗萊明先生都在辛苦但充實的工作中度過，他還獨立做了些研究，發展出幾項有助診斷或治療的方法，並整理相關成果發表了幾篇論文，慢慢建立他的學術聲譽。」

抗生素騎士一彈指，又按下了快轉鍵，眼前景物頓時春去秋來，迅速變換，快得連眼睛都要跟不上。「當弗萊明先生因時間實在調撥不過來，不得已跟蘇格蘭義勇軍提出辭呈，離開這個熱情參與了十多年的團體後，在 1914 年 8 月，一件大事發生了。」

「什麼事？」

抗生素騎士沉聲宣告：「第一次世界大戰爆發。」

　　烈日當空，戰馬載著抗生素騎士和穎穎越過英吉利海峽，飛往位於法國前線的聯軍基地。此時此刻，湛藍天空純淨透明，平靜大洋波光粼粼，這片景象如此安詳寧靜，教人難以想像一場延燒歐洲全境，造成三千多萬人傷亡的戰爭，就在海峽彼岸如火如荼的展開了。

　　抗生素騎士似乎心情很沉重，英俊的臉龐上一片肅穆。「大戰爆發後，萊特先生立刻接受英國皇家陸軍醫療隊的指派，率領聖瑪莉醫院預防注射部的核心成員，前往法國建立一座實驗室，從事傷口感染方面的研究。值得一提的是，他還調用自己在醫院的資源，大量生產傷寒疫苗，於戰爭期間免費提供給聯軍使用。根據估計，倘若沒

有萊特的疫苗，光英軍本身死於傷寒的人數就會高達十二萬，而不是注射疫苗後的一千二百人。」

穎穎想起萊特當年有志不得伸，黯然離開軍隊的處境，便說：「我想萊特先生一定很欣慰，因為他的主張終於被接受，還挽救了那麼多人的生命。」

「你說的沒錯。」抗生素騎士嘘口氣，低迷的情緒總算稍微振作了一點。這時戰馬已經飛到陸地上，他一抖韁繩，命令戰馬馳向一座外觀很新穎的建築物，那上面的框框寫著：第十四號綜合醫院，戰前為賭場。萊特先生的實驗室便設立於此。

抗生素騎士停在醫院前默默看了片刻，才帶著穎穎往裡頭走，一邊說明：「19世紀末期李斯特醫師所提倡的滅菌手術，主旨是『邊手術邊滅菌』，以消滅周遭所有可能感染傷口的細菌。但後來的研究發現，其實漂浮在空氣裡的細菌很少，於是到了20世紀初

年，已經修正為在『手術前』進行
滅菌程序。這時的外科醫師
和助手就跟現在的一樣，
會穿戴經過滅菌處理的
長袍、帽子和口罩，並用
肥皂把雙手仔細洗乾淨，各項器
械、用品也會事先消過毒，而這套程序也確實降
低了傷口感染的發生率。誰知一等戰爭爆發，一
切彷彿回到傳染病肆虐的中古世紀。像在這所醫
院裡，病患併發敗血症的現象相當普遍，而且有
1/10 的傷患死於氣性壞疽和破傷風。」

　　穎穎插嘴問道：「什麼是氣性壞疽？」

　　「啊，我忘了你還小，沒學過這些。」抗生
素騎士一拍額頭，露出懊惱的表情。「氣性壞疽是
一種叫做氣性梭狀桿菌的細菌侵入傷口所造成
的，它的侵犯速度很快，會產生敗血症、水腫、
大量組織壞死與腐爛等症狀。至於破傷風則是破
傷風桿菌侵入傷口所引起的，它的毒素會對神經

系統造成很強烈的刺激，引發肌肉嚴重痙攣的現象。至於敗血症，則是指細菌侵入血液大量繁殖後，引發全身性發炎反應的情況，嚴重時會導致病患衰竭死亡。」

穿行在走廊上的穎穎聽到這裡，好奇的探頭進病房張望一下，沒想到居然看見死神手持長柄鐮刀站在床頭，而病床上一字排開的各個傷患，有的一條腿腫脹發黑，有的肩膀裹著厚厚的紗布，有的腦袋纏著繃帶連眼睛都遮住，傷勢或許有所不同，但都是一副氣息奄奄的模樣。再加上病房裡瀰漫的惡臭……穎穎眼角瞥見死神掄起了鐮刀，嚇得趕緊別開視線，拉著抗生素騎士快步往前走。

他驚慌的問道：「怎麼會這樣呢？不是該消毒的東西都消過毒了嗎？怎麼還會

有細菌活下來，侵犯病患的傷口呢？」

「你問了一個好問題，」抗生素騎士領他爬上樓梯，一路來到最頂樓的實驗室。「第一次世界大戰時，由於倉促設立在戰場上的軍醫院環境都相當惡劣，等待救治的傷患更是滿坑滿谷，有時甚至無法維持基本的清潔與衛生，使得主要針對手術人員、器械與周圍環境的滅菌程序擴展到了傷口本身。標準做法是先以石碳酸、碘酊之類的消毒劑塗抹傷口，將傷口縫合，鋪上浸滿消毒劑的敷料，再用繃帶包裹起來，至於這套做法為什麼會失敗，我們這就來看看弗萊明先生於戰爭期間所做的一系列很重要也很傑出的研究。」

只見弗萊明站在黑板前，對著排排坐在位子上的軍醫說：「傷口感染是我們當前面臨的最嚴重問題，可惜沒有相關研究可以參考。為了降低傷口感染的機率，我們先要找出究竟是什麼因素造成這些嚴重的細菌感染，於是從傷患及死者的傷口上採取檢體，並檢驗了子彈、彈殼破片、制

服碎片、死者的身體組織與骨頭碎片，並從他們身上的制服取塊乾淨的布片來做比對。」

他指著統計圖表解釋說：「結果發現造成傷口感染的各種細菌，尤其是最為致命的氣性梭狀桿菌與破傷風桿菌，多來自傷患所穿的制服。我們的推論是，原本生長在馬匹小腸裡的氣性梭狀桿菌與破傷風桿菌，經由糞便做成的堆肥散播到土壤裡，落到躲在壕溝裡的士兵身上，最後侵入傷口引起細菌感染。」

軍醫們一臉恍然大悟頻頻點頭，有些人已經開始做筆記，看來是有了對策。

弗萊明接著說道：「不過有個疑問是，氣性梭狀桿菌和破傷風桿菌都是厭氧性的細菌，無法在富含氧氣的環境下生長，但我們卻在有血液流經的開放性傷口，也就是氧氣供應充分的環境裡，找到了相當多的厭氧性細菌。經過研究，我們的結論是，最容易發生嚴重細菌感染的傷口，它的表面會常繁殖了大量常見的需氧性菌種，將周邊

組織裡的氧氣給消耗掉，於是這些傷口底下的壞死組織就形成了最適合厭氧性菌種生長的低氧環境。」

軍醫們又點了點頭，一臉頗受啟發的表情。

「接下來要說明的是我們透過顯微鏡看到的，有關細菌與白血球在傷口裡的行為──」話未落，弗萊明的嘴巴突然凍住了；穎穎疑惑的看過去，不懂為什麼抗生素騎士要按下暫停鍵。

抗生素騎士輕咳一聲，解釋道：「血液的成分為血球和血漿，血球又分成白血球、紅血球與血小板，其中白血球的功能──」

「是辨識敵我，吞噬並消滅外來的敵人。」

穎穎插口回答，然後扮了個鬼臉。

「這個學校的自然課有上過，我早就知道了。」

「看來是我小看你了。」抗生素騎士哈哈一笑，按下了播放鍵。

弗萊明的嘴巴解凍，繼續說

道：「我們發現，在未經治療的傷口裡，白血球會很活躍的吞噬細菌；可是等傷口經過消毒劑處理後，絕大部分的白血球，不是死去就是失去了活動能力。也就是說，當我們人體自帶的防禦功能遭到消毒劑摧毀後，細菌反而會在傷口裡大量的生長——」

「不可能！」一名軍醫首先提出異議，其他人也跟著點頭附和。「我們所使用的消毒劑均經過檢測，確定可以殺死細菌。」

另名軍醫激動的表示：「槍炮彈藥所造成的傷口非常複雜，通常還夾帶許多泥沙，很難徹底清理乾淨，所以我們才要使用浸滿消毒劑的敷料包裹傷口，持續殺滅細菌。然後你現在告訴我們，消毒劑不僅無法消滅細菌，還可能對人體造成傷害——請恕我無法接受你的說法！」

「等等，各位，我還沒講完呢。」弗萊明舉手要大家耐心聽他解釋。「我們也很疑惑為什麼消毒劑可以殺死試管裡的細菌，卻沒辦法殺死傷

口裡的細菌，於是做了一項實驗。」

他拿出幾根試管。這些試管長得很奇怪，管壁上有許多尖刺，就好像刺蝟一樣。「這是我將玻璃試管加熱、軟化後，趁熱以吹玻璃的技巧，從管壁拉出一根根中空的錐狀管，以模擬槍炮彈藥所造成的撕裂型傷口。」

幾名軍醫抱起雙臂，擺出了很不耐煩的架勢，但其他軍醫倒是很有興趣的看著弗萊明，想知道究竟他葫蘆裡賣什麼膏藥。

只見弗萊明配合講解，拿起一根又一根的試管，「先在試管裡倒滿被細菌汙染過的水，靜置二十四小時，再把水倒掉，這樣就有了一根被細菌汙染了的試管——我們可以把這當成被細菌感染的傷口。接下來，倒進消毒劑，搖晃一下，再倒掉——這是模擬我們使用消毒劑處理傷口的情況。最後倒入乾淨的細菌培養液，靜置數小時，再採取檢體進行觀察。結果我們發現培養液裡又長出大量的細菌——」

　　「你做這個實驗是想告訴我們，生長在傷口深處的細菌，是消毒劑無法處理到的？」一名軍醫打斷了他的說明。「有沒有可能是你使用的消毒劑效果不夠強？」

　　弗萊明有備而來，當下列出了一大串他測試過的消毒劑種類，然後說道：「其實消毒劑的問題不止是無法殺死傷口深處的細菌。我做過一個實驗，先將血液倒進試管裡，加入常用的消毒劑『石碳酸』，再加入氣性梭狀桿菌，最後用融化的凡士林塞住瓶口。數日後，凡士林塞子被試管裡的細菌所產出的氣體給慢慢推了出來，表示試管裡的細菌數增加了。也就是說，石碳酸不但沒能殺死細菌，反倒破壞了血液裡有助對抗細菌的種種成分。」

　　「我們還另外對敷料做了實驗。臨床上使用浸滿消毒劑的敷料包覆傷口，是想藉著敷料緩緩釋放消毒劑，來延長滅菌效果。但我們的實驗結果卻顯示，敷料的作用是『吸附』消毒劑而不是

『釋放』消毒劑，也就是說，我們無法藉由沾滿消毒劑的敷料，延長滅菌效果。」

實驗室裡一片寂靜，軍醫們有的氣得漲紅了臉，有的懊惱得咬住了嘴唇。許久之後，終於有人打破沉寂：「那你建議怎麼處理傷口呢？」

「在與萊特先生討論過後，我們一致認為要先將傷患身上壞死、腐爛的組織切除，以徹底除去藏匿在傷口深處的細菌；為了不破壞白血球的活動能力，最好用大量的生理食鹽水沖洗傷口，經縫合、消毒後以乾淨的紗布包紮，避免再次被細菌感染。」

「這太荒唐了──」這名軍醫還沒把話說完，萊特先生就頂了一句：「荒唐的是你們這群抱著教科書不放、罔顧科學證據的老頑固。」

「萊特，你這說的是什麼話！」

「你還以為我忘了傷寒疫苗的事情嗎？要不是你從中作梗——」

「萊特！你說話要有證據！」

「萊特，你向來以為自己的所有見解都是正確的，理也不理別人的想法，卻不知道你這種自以為是的態度讓人很難接受你的見解。」

「事實證明，我的確是正確的。你們若不接受，那是你們昧於事實，寧可背道而馳。」

「嗤！萊特，別人諷刺你，給你取了個『自以為永遠正確的萊特先生』這綽號，你居然還真以為自己的想法永遠是對的啊。」

實驗室裡吵成一團，弗萊明站在黑板前，勸也勸不了，講也沒人聽，不禁露出一副不知所措的模樣。

穎穎看了實在著急，「抗生素騎士，現在該怎麼辦？他們怎麼可以光顧著吵架，卻不靜下來好好討論該怎樣處理傷

口對傷患比較好呢？」

　　抗生素騎士無奈的嘆口氣。「弗萊明先生提出的外傷處理程序，其實跟我們現在使用的已經差不多了。很可惜的是，由於萊特先生長年跟軍方醫療單位相處得不是很融洽，這套程序居然被軍醫們抵制，不曾施行。」

　　「怎麼可以這樣！」穎穎不甘心的叫道：「明明是可以救助很多人的發現，要是就這樣子被扔掉了，這世界還有天理嗎？」

　　「還好這世界確實是有天理的。」抗生素騎士安慰他。「1918 年時，弗萊明先生奉派到另一所醫院，負責處理傷口感染的問題。他在那裡終於可以建立一套外科程序，落實自己的研究結果，也確實降低了氣性壞疽的發生率。等到第二次世界大戰爆發時，這套方法已經被廣為接受了。」

　　穎穎撇撇嘴，先前在病房裡看到的傷患頓時浮現腦海，令他心裡不太舒服，有種說不清、道

不明的憋悶。過了一會兒，他嘟嚷了一句：「但他們現在這樣吵呀吵的，什麼都解決不了，反害得許許多多的軍人死在或許可以避免的傷口感染上……」

抗生素騎士又嘆口氣，拍拍他的頭，沒再多說什麼。

實驗室這一幕慢慢暗去，等光線再度亮起，穎穎發現他們已在醫院外頭的草坪上。他才要問抗生素騎士接下來打算做什麼，就看到醫院側門被推開，弗萊明先生從中走了出來。

穎穎仔細打量弗萊明先生，發現他臉色很差，人瘦了一大圈，滿身掩不住的疲憊與悲傷。想到方才實驗室裡鬧烘烘的樣子，他想他明白為什麼弗萊明先生會這麼的消沉。

當穎穎轉動大腦，想找出一句安慰的話來講時，弗萊明開口說話了：「穎穎，你知道嗎，我們的義勇軍 H 營，自戰爭爆發後就接受徵召來法國打仗，到現在已經全數為國犧牲了。」

　　穎穎心頭一震，腦袋瞬間卡死，鎖定在行軍那日所認識的一張又一張活潑笑鬧的臉上。他們曾吹風笛給他聽，告訴他許多蘇格蘭的故事，還一臉驕傲的告訴他這身灰色蘇格蘭裙的意義，可是如今，曾經神采飛揚的人們全都化成一團灰燼……

　　「萊特先生說，只要想到當自己躺在營帳裡睡覺時，正有多少士兵的生命靜靜消失在暗夜裡，他就好像加足了燃油的引擎，越發全心全意投入工作，想要發掘出治療傷口感染的方法。我也是啊、我也是啊，可是……」

　　「艾力克……」穎穎喊了一聲，卻不知道還能說什麼。

　　弗萊明好像沒聽見他一樣，自顧自的低聲說：「要是能發現像砷凡納明那樣的特效藥，殺死那些造成感染的細菌就好了。」

　　「砷凡納明？」穎穎疑惑的複述了一遍。

　　弗萊明終於又注意到他的存在，解釋道：「砷

凡納明是一種針對梅毒的特效藥，它是一種化學合成的藥物，可以廣泛作用於全身，殺死造成梅毒的梅毒螺旋體，卻不傷害人體組織，因此又有『神奇子彈』的美稱。」

穎穎馬上反應過來，心想：能夠廣泛對抗侵犯人體的各種細菌的特效藥，不就是抗生素嗎？

想到這裡，他不禁精神一振，用力握住弗萊明的雙手，對著他的雙眼大聲說：「你一定能做到的，艾力克。你一定會找到跟砷凡納明一樣神奇的藥物，挽救許許多多的性命！」

05

發現與捨棄

　　再度回到聖瑪莉醫院的預防注射部，穎穎發現這裡的氣氛都不一樣了。下午一到五點，工作人員紛紛收拾家當，關燈走人，戰前徹夜工作的緊湊步調已不復見，更看不到萊特先生義氣激昂的發表演說，滿懷定要為醫療界帶來革命性發現的使命感。

　　穎穎忍不住問道：「他們這是怎麼了？」

　　抗生素騎士輕聲回答：「1918 年 11 月 11 日第一次世界大戰終於結束，僥倖沒死在戰場上的人都一一回到故鄉，只是戰爭造成的創傷並不是輕易就能痊癒。不少資深研究人員去了別的地方工作，留下來的年紀也都大了，自然沒有精力再像以前一樣通宵達旦的工作。至於預防注射部的

靈魂人物萊特先生，他在整場戰爭中不斷收到朋友與子姪輩們戰死或失蹤的消息，又在與軍方醫療單位的長期對抗中消耗很多心神，再加上免疫療法多年來沒有突破性的進展，使他在戰後放鬆了對預防注射部的管理。」

「你是說……」穎穎嚥口口水，吞吞吐吐的說出他的猜測：「預防注射部要倒閉了？」

抗生素騎士愣了愣，猛的笑了出來。「當然不是。其實這對大家來說是好事，因為他們總算可以離開萊特先生制定的研究方向，前去探索自己真正關心的領域。我們的弗萊明先生也就是在這時締造了他最重要的兩個發現。」

穎穎眼睛一亮，知道重頭戲來了，「我知道一個是抗生素，那另一個是什麼呢？」

抗生素騎士一聲輕咳，慢悠悠的說：「你靜靜看下去不就知道了嘛。」

「討厭──」穎穎一跺腳，卻也只能耐著性子慢慢看。

　　實驗室裡，弗萊明一直在咳嗽、打噴嚏、流鼻涕，似乎感冒得很嚴重。他一手拿著小小的圓形透明器皿，一手拿著根棒子伸進鼻孔裡一刮，然後滴在了透明器皿上。

　　穎穎覺得很奇怪，「他這是在做什麼啊？」

　　「你知道鼻涕吧？」見穎穎點頭，抗生素騎士繼續說：「弗萊明先生很好奇當人感冒時，負責製造鼻涕的鼻腔黏膜細胞產生什麼變化，於是正在把黏膜細胞刮下來，種在培養皿上。」

　　「培養皿？那是什麼？」

　　也不曉得抗生素騎士怎麼弄的，畫面上弗萊明手裡的透明器皿頓時放大了好幾倍。他解說道：「這就是培養皿，一種附有蓋子的玻璃或塑膠製成的扁圓形透明容器，常用來培養細菌或細胞。一般的做法是將培養皿經過高溫消毒殺菌，倒入含有營養成分的培養基，等培養基冷卻凝結

成果凍狀，再把要培養的細菌或細胞抹在培養基上，最後放進培養箱裡等它長出來。」

穎穎點點頭，憋了幾秒後忍不住嘀咕：「可是我覺得他還真奇怪，居然會想要培養鼻子的細胞。」

抗生素騎士嘖嘖作聲，一副「你真是太不了解了」的表情。「你以為科學家是怎麼想到要做實驗的？就是因為注意到身邊發生了一些跟平常不一樣的事情，想知道為什麼會不一樣，才來做實驗的啊。」

穎穎舉一反三，說道：「現在弗萊明先生感冒了，注意到平常不流鼻涕的鼻子現在一直流鼻涕，就開始每天取些鼻子的黏膜細胞來培養，想看這時的黏膜細胞跟平常的是哪邊不一樣，對吧？」

「答對了！」抗生素騎士笑道，隨即按下快轉鍵，把時間跳到 1921 年 12 月。

畫面上，弗萊明拿起桌上的一個個培養皿，

相當仔細的觀察著。

抗生素騎士解釋道：「弗萊明先生有個跟別人很不一樣的習慣，那就是在做完實驗後，當別人是趕緊把培養皿清理乾淨，以供下一輪實驗使用時，他會把培養皿多放幾個星期，看看會不會有別的變化。」

這時，弗萊明盯著一個培養皿看了很久，自言自語：「真有意思。」

抗生素騎士又把畫面放大了，顯示培養皿裡長滿了黃色的應該是細菌的東西。

穎穎皺著眉頭看了老半天，最後很洩氣的問道：「不就是一團黃黃的細菌嗎？這是哪邊有意思了？」

抗生素騎士哈哈一笑，拿出指揮棒指向培養皿上沒有長出細菌的地方。「這是先前滴上鼻涕，

要培養鼻黏膜細胞的地方。你看到了嗎？它的周圍很乾淨，沒有長出細菌——」

穎穎懂了，興奮的大喊：「這裡有某種東西可以防止細菌生長！」

「答對了！」抗生素騎士按住穎穎的腦袋，用力一揉。「這種東西叫做『溶菌酶』，顧名思義，具有溶解細菌的功效。」

畫面又開始動了，顯示弗萊明接下來一系列很緊湊的研究。他從實驗室的工作人員與訪客身上採取各種檢體，包括眼淚、唾液、血液、甚至是化膿傷口裡的膿汁，結果發現不管採檢對象有沒有罹患感冒，他們的檢體一樣含有能殺死那種黃色細菌的溶菌酶。

弗萊明還更進一步採集了人體的各個組織，結果發現溶菌酶到處都是；皮膚、黏膜、大部分的內臟與組織，甚至連頭髮、指甲都有溶菌酶的存在。他又測試了各式各樣的動物與植物，發現他們身上也都有溶菌酶。

　　畫面上的時間標記跑得飛快，一下子幾年時間過去了。穎穎看得眉飛色舞，相當高興，不禁叫道：「這麼棒的純天然抗菌物質，到最後做成了什麼神奇的藥物啊？」

　　抗生素騎士靜靜答道：「其實沒有。弗萊明先生發現的其實是生物免疫系統的第一道防線，唯有能越過這道防線的微生物，才會啟動白血球的攻擊行動。換句話說，溶菌酶對抗不了會對人體產生危害的細菌。」

　　穎穎頓時像被戳了洞的皮球一樣，整個興奮勁兒一下子就洩光了。「真沒意思。」

　　「怎會沒意思呢？」抗生素騎士橫他一眼，提醒道：「在弗萊明先生發現溶菌酶前，沒有人知道人體有這種天然的抗菌酵素，就算沒能實際運用在治療上，還是吸引不少學者從事研究。此外，你不覺得溶菌酶這項發現，展現了弗萊明先生一個相當重要的特質嗎？」

　　穎穎被挑起了興趣，追問道：「什麼特質？」

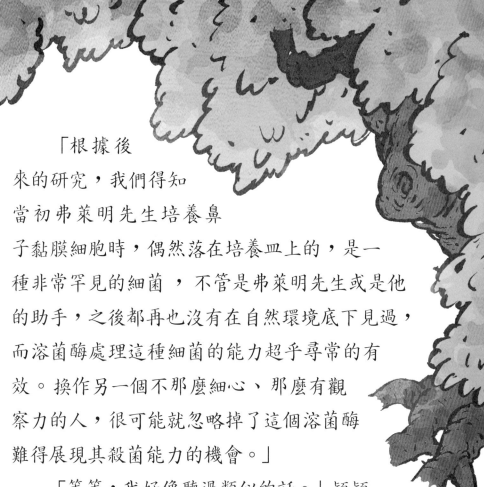

「根據後
來的研究，我們得知
當初弗萊明先生培養鼻
子黏膜細胞時，偶然落在培養皿上的，是一
種非常罕見的細菌，不管是弗萊明先生或是他
的助手，之後都再也沒有在自然環境底下見過，
而溶菌酶處理這種細菌的能力超乎尋常的有
效。換作另一個不那麼細心、那麼有觀
察力的人，很可能就忽略掉了這個溶菌酶
難得展現其殺菌能力的機會。」

　　「等等，我好像聽過類似的話。」穎穎
想了想，說道：「機會只眷顧有準備的人？」

　　「沒錯，」抗生素騎士打個響指。「溶菌酶偶
然遇到一種很好對付的細菌，讓平時很微弱的抗
菌能力得到表現的機會。而擁有相當敏銳的觀察
力的弗萊明先生，切切實實掌握這個難得的機
會，發現了溶菌酶的存在。」

　　「所以……」穎穎靈機一動，問道：「抗生素的發現也是一樣的情形嗎？就是偶然有什麼東西掉進培養皿，結果被弗萊明先生注意到了？」

　　「真聰明，你又答對了。」抗生素騎士按下快轉鍵，畫面上的時間標記拚命轉啊轉，最後定格在 1928 年 9 月 3 日。

　　「弗萊明先生正在研究一群叫做葡萄球菌的細菌。有一天，在把培養皿送去清洗前，他最後一次觀察這些培養皿，結果發現其中一個培養皿長出了一團黴菌。」

　　隨著抗生素騎士的旁白，畫面上的弗萊明捧著培養皿看了一陣子，說聲：「真有趣。」然後遞給了助手。

　　抗生素騎士又把畫面放大了。只見培養皿上有一半長滿金黃色的細菌，另個角落長著一團毛茸茸的黴菌，而靠近黴菌的地方則是透明清澄的，沒有任何細菌生長在這裡。

　　有了先前有關溶菌酶的知識，穎穎知道這黴

菌必定具備對抗細菌的能力，最後才能製成抗生素。只是……黴菌耶！那不是一種長在爛橘子上，聞起來很噁心，中間是綠色周圍是白色的粉末狀東西？

他很疑惑，再三確認：「抗生素就是用這個黴菌做成的？」

「沒錯，」抗生素騎士答道。「這是一種青黴菌，英文名字叫做 Penicillium notatum；弗萊明先生就是根據它的英文名字，把這種抗菌成分命名為 Penicillin，中文譯為『青黴素』或『盤尼西林』。」

畫面上，弗萊明把培養皿拿給實驗室的所有同事看，又幫青黴菌拍了照，最後小心的把培養皿保存起來。

抗生素騎士補充道：「這個相當具有歷史價值的培養皿，如今還存放在博物館裡供人瞻仰呢。」

　　穎穎哇了一聲，央求道：「快點、快點，我想看弗萊明先生怎麼把青黴素做出來。」

　　抗生素騎士低聲咕噥：「我可不確定你會如願以償。」

　　「你說什麼？」穎穎沒聽清楚。

　　「沒說什麼。」抗生素騎士按下放影鍵，一邊解說：「科學的一個很重要的特性是，同樣的實驗不管做多少次，答案都是一樣的。弗萊明先生想重現在那個培養皿上發生的事，於是重新培養了一批那種青黴菌，再把葡萄球菌給種上去。沒想到這回效果更好，葡萄球菌全都死光了。由此可見，青黴菌所含的青黴素成分果然具有抗菌能力，而且不是溶菌酶那種很弱的抗菌能力，因為這回消滅的可是一種很討厭的、會讓人長出很多膿包的葡萄球菌！」

　　弗萊明很好奇別種黴菌是否一樣具有消滅細菌的能力，於是上天下海，到處搜集黴菌。他搜集長在起司、果醬、破衣服、鞋子和長靴、舊書

和古畫、灰塵和各種泥土裡的黴菌，不但在自己家裡搜集，也去朋友家搜集，還跟醫院的黴菌專家徵求了許多樣本，結果發現這偶然落在他培養皿裡的青黴菌，可能是從黴菌專家的實驗室飄來的，擁有獨一無二的殺菌力。

然而在進行更進一步的研究前，弗萊明必須先把青黴素給萃取出來。他請助手用液體培養液培養青黴菌，最後得到一罐罐上層飄著黴菌，底下是金黃色具強大抗菌力的黴菌汁。黴菌汁含有許多雜質，效果也很不穩定，但要把有效成分分離出來，是相當困難的化學工作，超出了弗萊明和他的助手的能力，因為他們都不是化學家。不過弗萊明沒有放棄。他們想盡方法，還去請教了醫院裡的化學家，終於得到呈棕色塊狀的青黴素，其殺菌力比黴菌汁強上五十倍。只是這種塊狀物無法長期保存，就算放在冷凍庫裡，依然只能維持一個星期的殺菌力而已。

接下來，弗萊明緊鑼密鼓的拿青黴素測試了

許多細菌，結果發現它能殺死許多最為致命的細菌，包括造成氣性壞疽的氣性梭狀桿菌——打從第一次世界大戰以來，弗萊明一直想找到武器對抗氣性壞疽，如今他的願望似乎有了實現的可能。此外，不像石碳酸之類的化學消毒劑，青黴素並不會傷害血球細胞，就算直接注入老鼠與兔子的身體裡，也不會引發不良反應。而且青黴素還有個化學消毒劑比不上的優點，那就是它的殺菌力相當強，就算稀釋了八百倍也依然有效。

　　為了測試青黴素在臨床上的用途，弗萊明的一個助手居然自願做人體實驗。他先把青黴素混在牛奶裡，照三餐服用，很幸運的沒死掉後，又更進一步拿青黴素溶液沖洗自己已經惡化成鼻竇炎的鼻腔，只可惜沒有收到任何效果。弗萊明也想多找些病人來測試青黴素的功效，只是合適的病人不是那麼好找，往往病人有了，

他們的青黴素卻不夠，又或者好不容易萃取到夠多的青黴素，合適的病人卻不知道在哪裡。唯一稱得上成功的案例是某個眼睛發炎的病人，弗萊明用青黴素溶液在兩天內治好了他的眼睛。

　　1929年初，弗萊明為青黴素開發出另一項功用。1918年間，歐洲及美國曾爆發兩波嚴重的流行性感冒，不到一年時間就已造成兩千萬人死亡。這樣致命的疾病自然吸引許多科學家來研究，只是在培養細菌時，同一個培養皿裡可能長有好幾種細菌，他們一直沒找到一種「簡易有效」的方式，把致病菌跟其他細菌區分開來。當弗萊明發現青黴素無法殺死導致流行性感冒的病菌時，他靈機一動，在培養致病菌時加入青黴素，殺死所有能殺死的細菌，這樣培養皿裡剩下的，就是想要進一步研究的流行性感冒致病菌*。

　　1929年6月，弗萊明把這項應用寫成論文發表在學術期刊上。世界各地不少注意到這篇論文的學者，紛紛向弗萊明索取這種青黴菌，運用在

實驗室篩選細菌的工作上──只可惜這項成功並不是弗萊明真正想要的。

　　弗萊明堅信只要找到方法，擁有神奇的滅菌能力的青黴素，定能協助人類在對抗細菌的戰爭上取得勝利。他努力尋找化學家協助純化青黴素並穩定其功效，只是由於缺乏臨床資料的支持，他很難說服專家一起來研究；難得有人起了興趣，又很快因重重困難而退卻了。

　　時間一年又一年的過去，純化與穩定青黴素的工作遲遲沒有進展，參與研究的人來了又走，終於只剩下弗萊明。有一天，他孤身坐在暗濛濛的實驗室裡，輕輕拂過一頁頁寫滿青黴素研究紀錄的筆記，然後慢慢闔上筆記本，鎖進檔案櫃，起身離開實驗室。

＊**流行性感冒致病菌**：這場流行性感冒最早是由西班牙發布消息的，因此俗稱「西班牙流感」。由於這場流感造成的死傷史無前例，追索其致病菌的科學家絡繹不絕，但一直到 1933 年時才終於有學者分離出世上第一株人類流感病毒，確認這起流感是病毒造成的。1929 年時的科學家仍認為造成西班牙流感的是一種特別致命的細菌。

畫面上，弗萊明的背影越來越小，最後消失在走道的盡頭。穎穎又是沮喪、又是焦急，忍不住抬頭問向抗生素騎士：「難道已經完全沒辦法可想了嗎？」

「弗萊明先生確實束手無策了，畢竟他是細菌學家，做不來化學家的工作。」眼看穎穎一臉洩氣的樣子，抗生素騎士拍拍穎穎的肩膀，提示道：「但有別人做得到啊。」

穎穎立刻精神一振，「快說啊，是誰這麼厲害？」

抗生素騎士俐落的把穎穎撈起來扔上馬背，「走，我們去牛津大學瞧瞧！」

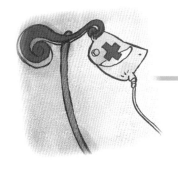

　　在飛往牛津大學的路上，抗生素騎士趁著空檔問道：「還記得弗萊明先生之前跟你說的『要是能發現像砷凡納明那樣的特效藥就好了』這句話嗎？」

　　穎穎回憶了一下，「嗯，記得。」

　　抗生素騎士開始講課：「自從德國醫師暨化學家艾利希測試了六〇六種化學合成藥劑，終於在 1909 年發現梅毒特效藥『砷凡納明』後，科學家就一直想再發現類似的藥物。這樣的努力在 1935 年時有了突破，德國病理學暨細菌學家多馬克從數千種染料裡，發現了磺胺類抗菌藥物『百浪多息』，可以用來治療鏈球菌造成的感染，並以此榮獲 1939 年的諾貝爾生理醫學獎。」

「哇，沒想到染料也可以對抗細菌。」穎穎對此真是印象深刻。

「是啊，而且百浪多息的成功，開啟了化學合成藥劑的新視野，吸引許多科學家投入研究，很快就做出一群類似的磺胺類藥物，使得許多過去足以致命的疾病，像是產褥熱、猩紅熱、肺炎、中耳炎、腦膜炎等等，都不再是威脅。」抗生素騎士頓了頓，再開口時語氣卻顯得有些遺憾：「只是不管是百浪多息還是其他的磺胺類藥物，能對抗的細菌種類都很有限，這些細菌也逐漸發展出對抗藥物的能力，而且就算是最好的藥，也可能對病人造成不小的副作用，像是將病人的皮膚染色，引發劇烈嘔吐，嚴重時甚至導致死亡。」

穎穎皺皺眉，想到自己對抗生素似乎沒有產生什麼不舒服的感覺，便覺得這些磺胺類藥物實在很有改進的空間。

這時目的地到了，是一處美得跟公園沒兩樣的地方，坐落著一棟三層樓高的古樸紅磚建築

物，上面的框框寫著：牛津大學鄧恩爵士病理研究所，青黴素的誕生地。

抗生素騎士走上臺階，推開沉重的木門。穎穎跟著走進去，看見光線從頭頂上的白色長窗漫射進來，照亮周遭古典莊重的陳設，不由得屏住了呼吸。

抗生素騎士似乎也有所感受，不自覺放低聲音：「1922 年，年僅二十三歲的澳洲病理家富勒理來到這裡從事研究工作，很快的以其想像力十

牛津大學
鄧恩爵士病理研究所
青黴素的誕生地

足並有堅實數據支持的研究成果，在相關領域建立起不錯的聲譽。」

「1929 年時，富勒理對胃的運作方式產生了興趣，開始針對胃液的殺菌作用展開研究，於是注意到弗萊明先生在 1922 年發表的溶菌酶論文。在這八、九年的相關研究中，他們成功將溶菌酶萃取出來，並在德國化學家錢恩於 1937 年加入團隊後，徹底弄明白溶菌酶是怎麼溶解細菌的細胞壁以摧毀細菌，證實了弗萊明先生的觀察結果。溶菌酶的研究告一段落後，就在第二次世界大戰爆發前夕，錢恩在回顧兩百多篇相關科學文獻後，選定了三種新的研究標的，其中一項就是青黴素——」

「耶！弗萊明先生的援軍到了！」穎穎高興的喊了一聲，腦海深處弗萊明在長廊上的寂寞背影，終於得以褪去。

「還早呢，靜靜聽我說。」抗生素騎士笑著拍拍穎穎肩膀，要他鎮定下來。「富勒理和錢恩之

所以研究青黴素，是出於對這種物質的化學特性
的好奇，不過他們很快就碰到難題：青黴素在純
化與提煉到某個程度後，似乎就失去了殺菌能
力。之前研究青黴素的人都在這個階段放棄了，
但富勒理他們沒有。於是，就在英國頻頻遭到德
軍空襲的時候，富勒理他們終於找到方法，把青
黴素純化成一種棕色粉末，即使稀釋到一萬倍也
依然有效。」

　　說到這裡，站定在一間實驗室前的抗生素騎
士打個響指，畫面旁的時間軸一陣快轉，跳到了
1940 年 5 月 25 日上午十一點，原本空無一人
的實驗室出現一個高大的人影。

　　「這位就是富勒理，真正
將青黴素帶到這個世界的其
中一人。此時此刻，德軍
已越過馬其諾防線，持續
挺進法國的敦克爾克，那
裡駐紮了大批英國遠征

軍，是英法聯軍的主力部隊；而在英國的牛津，富勒理指示研究員準備進行青黴素的毒性測試。」抗生素騎士說道。

　　只見研究員準備了八隻白老鼠，先用針筒把致死劑量的鏈球菌注入老鼠體內，再把老鼠分成兩群，其中四隻放回籠子裡，剩下的四隻裡，兩隻各打一針高劑量的青黴素，剩下的兩隻在接下來的十小時內，連續施打五次小劑量的青黴素。第二天，沒施打青黴素的老鼠都死了，施打青黴素的老鼠則仍活得好好的。

　　「成功了！」穎穎一聲大叫，興奮的看畫面快速播放富勒理他們睡在實驗室裡，密集從事各式各樣的老鼠實驗。在畫面的背景裡，四十萬的英法聯軍正透過所有能召集到的軍艦、駁船、貨輪、汽艇、漁船，迅速撤往海峽對岸的英國，而德軍的裝甲部隊正在十英里外，努力突破英法防線。

　　「毒性測試的成功，令牛津團隊知道他們發

現了一種相當重要的藥物，它將在戰時的醫療上
扮演極其關鍵的角色。由於德軍進犯英國已經迫
在眉睫，富勒理他們開始時時刻刻穿著塗滿青黴
菌的實驗袍，以防哪天德軍開始占領英
國，他們之中能有人幸運逃到海外，
繼續從事青黴素的研究。」

　　穎穎聽到這裡不禁吸了一口氣，暗自為時局
的險惡與牛津團隊的決心，佩服不已。

　　「6月時，實驗結束。1940 年 8 月 24 日，在
德軍整天整夜轟炸倫敦的隔天，富勒理發表了他
們的研究結果，」抗生素騎士說道。「只是，儘管
青黴素的功效相當令人振奮，但對老鼠有效的藥
物並不代表對人類也有效，他們還有很多實驗要
做。不過在進行下一步的人體實驗前，他們得先
設法在戰時物資缺乏的環境底下，生產出足夠的
青黴素，因為人的體重是老鼠的三千倍，所需的
青黴素劑量自然也倍增。」

　　抗生素騎士邊解說邊帶穎穎一路往前走，穎

穎赫然發現這間研究所簡直變成了一座青黴素工廠：在一間教室裡，六名工作人員不斷把青黴菌噴灑在各式各樣充當培養盒的容器裡，一排又一排堆得高高的，另一間教室裡，堆得像小山一樣高的培養盒在控制好溫度的環境下，靜靜培養青黴菌，還有間教室排著金屬桶子，用塑膠管跟上面裝滿某種液體的玻璃罐連接在一起。在其他教室裡，由七名科學家與十名助手組成的牛津工作團隊，每天夜以繼日的純化提煉青黴素，以供未來進行人體實驗之用。

「富勒理的老鼠實驗報告刊出後，弗萊明先生很快就看到了，立刻與富勒理聯繫說想過來看看情況。」抗生素騎士補充道。「9月2日這天，弗萊明先生抵達牛津，讓富勒理帶著走了一圈，聽他詳細解釋所做的每一件事情，最後還收到一份青黴素粉末當紀念品。」

穎穎深有感觸的說：「我想弗萊明先生一定很興奮、很感動，因為他掛念很久的青黴素，終

於有人設法純化出來了。」

「確實如此。」抗生素騎士附和道。

時間軸又一陣快轉，來到 1941 年 2 月 12 日。牛津工作團隊終於提煉出足夠的青黴素，可以開始進行首次人體實驗。受試者是一名警察，他在整理花園時被玫瑰叢刮傷了嘴角，並在接下來的幾個月裡，逐步惡化成嚴重的全身性細菌感染。醫師使用大量磺胺類藥劑為他治療，但情況一點改善也沒有。他即將死去。

富勒理的研究團隊為他施打了青黴素，在二十四小時內，病情便有了奇蹟式的好轉。

只是，當青黴素通通施打完畢，這位警察的體內卻仍有細菌殘留，於是病況便在一段穩定期後迅速惡化下去。3 月 15 日，病患死亡。

「噢，怎麼會這樣……」穎穎別開頭，不忍看那蓋上白布的病患遺體。

抗生素騎士拍拍他的肩膀輕聲安慰：

「雖然這次的結果不如人意，但已證明青黴素的作用，也告訴研究團隊一件事：青黴素必須持續施打到細菌徹底消失為止。因為有了這項認知，第二位病人的命運便改變了。」

　　這位病人是個十五歲大的少年，於臀部手術時受到了致命的細菌感染，卻在青黴素的幫助下很快地徹底痊癒。接下來的六個病人也全都治癒，其中兩個還是醫師認定必死無疑的患者。總之，青黴素的功效已經沒什麼好懷疑的了。

　　抗生素騎士指著畫面上的富勒理說：「可是富勒理覺得這樣的成績還不足以說服全世界，他認為至少要累積到一百個病歷才行。只是實驗數

據告訴他，治療一名重症患者大概需要兩千公升的黴菌汁來提煉青黴素，而設在學校裡的小工廠不管怎麼努力，都不可能有這種產量以進行大規模的人體試驗。」

穎穎急急追問：「他不能去找專門做藥的工廠幫忙嗎？」

「在英國不能。」

「為什麼？」

抗生素騎士答道：「因為英國正在打仗。光是生產戰爭所需的各式用品都來不及了，哪來的人力、物力與財力，去投入這樣一種目前還在實驗階段的藥物呢？」

「那要怎麼辦？難道除了弗萊明先生還有富勒理他們，再也沒有人看到青黴素的潛力嗎？」穎穎這會兒真是緊張到家了。他真害怕已經埋沒十年的青黴素，又要因為戰爭的關係，埋沒另一個十年。

「當然不是，」抗生素騎士回答。「富勒理後

來透過美國設在伊利諾州沛瑞亞市的國立農業應用研究中心，大量生產青黴素以供臨床實驗。那個研究中心還發展出合適的液體培養液，把青黴素的效力提升了十倍，又派專人負責尋找各種發黴的東西，想要找到能生產更多青黴素的菌種。」

「找到了嗎？」穎穎忍不住打岔道。

「找到了。關於這項發現有個很有趣的傳說，不過實際情況其實跟傳說裡的不太一樣。」抗生素騎士答道。

穎穎被勾起了好奇心，連忙問道：「實際情況是什麼？傳說又是怎麼說的？」

「這個連弗萊明先生自己都很愛講的故事是說，有位名叫瑪莉‧杭特的女士，因為負責在當地市場搜尋各式發黴物品，大家都叫她『發黴的瑪莉』。有一天，她帶回一顆看起來很普通的哈密瓜，沒想到長在瓜上的黴菌，它的青黴素產量竟比弗萊明先生發現的那種青

黴菌高上二百倍。」

「哇！這真是了不起！」穎穎聽得眼睛都亮了。「那事情的真相是？」

「真相是，的確有位員工帶了顆哈密瓜到研究室，『發黴的瑪莉』也是她的暱稱，但尋找黴菌並不是她的工作。哈密瓜上的新種青黴菌產量雖高，但讓產量更上一層樓的，其實是美國威斯康辛州立大學的實驗室，他們藉由紫外線和 X 光的照射，誘導青黴菌發生突變，最後產生了產量高達六百倍的菌種。」

「真是一點也不有趣的真相，」穎穎嘟嚷道。「換作是我，當然也要把傳說拿出來講，這樣大家聽了多開心啊。」

抗生素騎士淡淡一笑，繼續說：「總之，富勒理先生期望的人體實驗很順利的在美國完成了，但由於青黴素的效果真的太驚人，美國政府下令

要各地工廠全力生產青黴素專供軍隊使用，不要說美國一般病患用不了青黴素，就連牛津研究團隊也無法取得。」

穎穎聽了不禁又皺起眉頭，「美國那邊真是太不夠意思了。不過俗話說『靠山山倒，靠自己最好』，英國確實還是要找到自己的工廠來生產才行。」

「你說的完全正確。幾經努力，富勒理總算透過一些有力人士，在英國找到幾個地方製造青黴素，進行第二階段的臨床測試。」抗生素騎士一揮手，畫面頓時一變，呈現德軍轟炸機從天空呼嘯而過、投下一顆顆炸彈的景象，而在連綿不絕的爆炸中，青黴菌培養室很幸運的全數從炮火中保全了下來。

「完成測試後，緊接著就是大規模的投入生產，而這需要一個契機。」抗生素騎士領著穎穎離開研究所，然後一聲呼哨喚來戰馬，沒片刻他們便飛馳在藍天之上。

「這下我們是要去哪裡？」穎穎大聲喊道。

抗生素騎士回答：「回聖瑪莉醫院去！」

● ☆ ● ★ ● ☆ ●

在聖瑪莉醫院等待他們的是一個病情相當嚴重的病人。他得了腦膜炎，醫生為了拯救他的生命，已經奮鬥超過六個星期，試遍所有的方法與藥物，包括新發現的磺胺類藥物，卻沒有得到理想的結果。如今他體溫急升，時昏時醒，不停胡言亂語，反覆發作的抽搐與打嗝令他非常痛苦。

弗萊明這時身兼軍方緊急醫療單位的病理學家職務，本該服從軍方指示疏散到鄉下，卻一直堅守在緊鄰德軍重點空襲地區的聖瑪莉醫院。他無畏隆隆爆炸聲，甚至會在空襲時跑到醫院的屋頂上，把空襲當煙火秀來觀賞。有一天晚上睡覺時，炸彈剛好落在他家附近，他一睜眼就看到門板往自己的方向飛過來，還好即時滾下床，閃了開去。

1942 年 8 月 1 日，他接到電話，急急趕到病

人床邊，醫師的專業素養告訴他，這位病人活不
了多久了，可是他還是從病患脊椎的脊髓腔抽取
了一些腦脊液*做檢查，發現病患感染的是鏈球
菌。經過一番測試，他得知這種鏈球菌對磺胺類
藥物有抗藥性，卻抵抗不了青黴素，便打電話請
富勒理幫忙。富勒理聽了病患的情況後，很慷慨

***腦脊液**：在大腦腦膜的蛛網膜和軟腦膜之間，一直到小腦、延腦以及脊
椎的脊髓腔，充滿了一種叫做腦脊液或脊髓液 (Cerebrospinal fluid) 的透
明水狀液體，主要功能是在人體運動時在腦部與顱骨間提供一些緩衝。
腦膜炎 (Meningitis) 就是指這些腦膜受到病毒、細菌或其他微生物感染所
引起的發炎反應。由於這個部位相當靠近大腦與脊髓，發炎時相當可能
造成病患死亡。

的將手上所有的青黴素都寄過來，還附上詳細的使用說明。

弗萊明根據說明書，給病患打了一劑青黴素，然後每隔二小時打上一針，病患的情況就這樣在醫師、護士的見證下，慢慢好轉起來；二十四小時後，病患的體溫六週以來頭一次降到接近正常。

但一週後病情又開始惡化。弗萊明再度抽取一些腦脊液做檢驗，發現裡頭有鏈球菌，卻沒有青黴素。

「意思是說那些鏈球菌一直在病患的腦脊液裡繁殖囉？」看到這裡，穎穎忍不住發問了。看到抗生素騎士點了頭，他追問道：「這是為什麼呢？」

抗生素騎士解釋道：「這是因為人體的血液與腦脊液間存在一層叫做『血腦障壁』的薄膜，不讓氧、二氧化碳及血糖以外的分子通過，於是打進血管的青黴素沒法隨著血液進到腦脊液裡攻

擊鏈球菌。」

「這該怎麼辦？可以把青黴素直接打進脊髓腔裡嗎？」穎穎問道。

抗生素騎士讚許的跟他豎起大拇指，「你問了一個弗萊明先生也很好奇的問題。」

弗萊明打電話給富勒理，問他們可曾直接把青黴素打進脊髓腔。富勒理回答說沒有，因為這個做法太危險了。在聖瑪莉醫院中，面對著垂死的病人，弗萊明左思右想，決定冒險一試。他不知道遠在牛津的富勒理一掛上電話，就拿兔子做了同樣的實驗，結果兔子死了。

弗萊明小心翼翼的把青黴素打進病人的脊髓

腔裡，在場的所有醫師、護士都很緊張病患接下來的反應。他會開始劇烈發抖嗎？會開始發高燒嗎？他會陷入休克，然後——死去嗎？

但是奇蹟發生了。病患逐漸退燒，神智也清醒過來，所有的症狀都隨著那一針又一針的青黴素往好的方向發展。一個月後，根據往日醫療經驗判斷是必死無疑的病人，他活生生的走出了醫院——這真是歷史性的一刻，打從巴斯德發現細菌與疾病的關係以來，在經過七十多年的努力，人類終於有了對抗細菌的終極武器！

「你可以想像一下醫生、護士有多麼興奮！」抗生素騎士對穎穎說。「曾經醫院住滿遭到各種細菌感染的病人，婦女得了產褥熱而死，小孩因肺炎、猩紅熱及各種骨骼、喉嚨、胃部或腦部的細菌感染而亡，更不要說戰場上大量死於傷口感染的軍人。青黴素——這史上第一支抗生素的出現，將拯救無數條人命。」

隨著出現在螢幕上的一片片空襲火光，抗生

素騎士的聲音越來越慷慨激昂：「在每天每天都有無數條生命殞於戰火的時刻，青黴素的出現不啻是苦難中的一線希望。那位病患還在醫院休養，弗萊明先生就已主動與有力人士聯繫，等到『垂死病患奇蹟康復出院』的消息見報，英國立刻趁著輿論的支持，成立了青黴素委員會，協調各方資源準備在英國量產青黴素，並很快獲得五家最大的化工廠配合。沒多久，大量用青黴素製成的針劑、藥膏、藥丸、藥水送往前線，光是諾曼第登陸一役就有六萬名傷兵因此獲益，更不用說其他與細菌感染有關的病症了。根據一項統計，第一次大戰期間罹患肺炎的士兵死亡率約為18%，但在第二次世界大戰時因青黴素的使用，降低到了1%——」

「還有我啊！我也得了肺炎！」穎穎叫道。「要是沒有抗生素，我可能也死掉了。」

「那麼，我想你可以親口跟弗萊明先生道個謝。」話才剛落，抗生素騎士一個彈指，穎穎頓時發現自己就站在弗萊明的辦公室大門口。

望著那個正伏在辦公桌上不知忙著寫些什麼的身影，穎穎緊張的嚥口口水，鼓起勇氣，在門板上敲了兩聲：「呃，打擾了──」

弗萊明抬起頭來，一看清訪客是誰就微微一笑，打招呼道：「是你啊，穎穎，真是好久不見了。」

「嗯，好久不見！」穎穎深吸口氣，走了進去，最後站在弗萊明面前說：「我來是想當面跟您說聲『謝謝』。我患了肺炎，是您發明的抗生素救了我的命。」

「這是我的榮幸，穎穎。」弗萊明向來嚴肅的臉這時真的綻開了喜悅。「不過發明抗生素的不是我，而是大自然，我只是湊巧『發現』它而已。」

穎穎點點頭，才剛張嘴要說句什麼，旁邊就

有人拿著一個信封走了過來。

「弗萊明先生，你的電報。」

弗萊明伸手接過信封，拆開封口，裡頭的一張紙上寫著——穎穎本來是看不到的，但因為抗生素騎士神奇的能力，他看見了紙上的字跡：

> 敬致亞歷山大·弗萊明先生，恭喜您與富勒理先生、錢恩先生由於青黴素這個偉大發現，獲得本年度的諾貝爾生理醫學獎。

1945 年 12 月 10 日，穎穎與抗生素騎士坐在瑞典斯德哥爾摩音樂廳的觀眾席，見證弗萊明、富勒理與錢恩榮獲諾貝爾生理醫學獎。

弗萊明從瑞典國王手中接過獎章那一刻，掌聲如雷響起，久久不息。穎穎拚命拍手，很高興這位孜孜不倦、默默研究的科學家終於得到應有的榮耀。

當這一幕緩緩褪去，穎穎終於回過神對抗生素騎士說：「我也要謝謝你，抗生素騎士。是你率領著兄弟好友們，打敗害我得了肺炎的細菌。」

「能夠助你這位可愛的小朋友一臂之力，也是我的榮幸。」抗生素騎士欣慰的笑了，卻不知怎的帶著一股惆悵。「抗生素的發現確實是醫藥

史上最偉大的成就。醫師有了抗生素這項武器對抗細菌，再加上衛生與營養雙方面的改進，傳染病不再頻頻爆發，人類的平均壽命也得到延長。只是，倘若人類再不好好珍惜，很快的我們抗生素軍團就再也對抗不了細菌了。」

「怎麼會？」穎穎驚叫道。

抗生素騎士解釋道：「自從青黴素的功效廣受肯定後，科學家們上天下海四處尋找，不到二十年就研發出好幾百種抗生素，令許多原本會造成病患死亡的傳染病，都得到了治癒的機會。然而『生存並繁衍』是所有生命的唯一要務，自然界裡有能製造抗生素的黴菌與細菌，當然也存在著能夠抵抗抗生素的細菌，這類細菌簡稱『抗藥性細菌』。當抗生素殺死能殺死的細菌後，環境裡剩下的，就是這些抗藥性細菌；抗生素越強，能存活下來的抗藥性細菌也就越致命，更糟糕的是，這些細菌還能把抗藥性傳播給其他細菌，讓原本沒有

抗藥性的細菌也具備了對抗抗生素的能力。」

「弗萊明先生在 1936 年時做過一個實驗，發現若在培養基裡加入少量青黴素，用以培養葡萄球菌，然後慢慢增加青黴素的濃度，結果這些原本很容易被青黴素殺死的葡萄球菌，居然徹底適應了充滿青黴素的環境，也就是發展出了抗藥性。弗萊明先生除了撰寫論文描述這個現象，還多次警告世人必須慎用抗生素，可惜他去世未久，人們就忽視這個警告，身體一不舒服就拿抗生素當仙丹胡亂吃，醫師為求效果立竿見影，更是一口氣開好幾種抗生素給病人服用，還有家禽、家畜的飼養業者，想避免動物生病並促進牠們的生長，乾脆把寶貴的抗生素加進飼料裡，這些行為都助長了抗藥性菌種的出現。」

他一個彈指，前方立刻出現了許多照片，照片上是一個個五顏六色的東西。「這些是『超級細菌』的電子顯微鏡照片，目前有七十多個家族成員，能抵抗現在所有的抗生素，病患一旦遭到感

染，死亡率高達 50%。」

　　穎穎忍不住叫道：「倘若這種細菌擴散開來，人類不就慘了嗎？」抗生素發現前的醫院景象一一浮現腦海，垂死病人的哎哎呻吟隱約迴盪在耳際，令穎穎不由自主打了個寒噤。

　　「其實現在的細菌已大多具有抗藥性，使得最常用的幾種抗生素都失去了效力，更有一些原本已經控制住的傳染病，像是肺結核、痢疾、霍亂，如今也趁著抗藥性菌種的出現，重新威脅人類的健康。唯今之計，人類除了珍惜抗生素，只

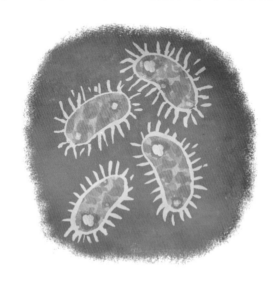

在必要時使用外，還要繼續跟細菌賽跑，努力發展更好更強的抗生素……」說著說著，抗生素騎士的身影越來越淡，聲音也逐漸變得模糊。

穎穎知道這場夢快結束了，他就要醒來了。可是他還沒聽夠啊，他還想知道更多更多抗生素的事情，他不想那麼快就跟抗生素騎士說再見！

「……跟你最有關的是，要常洗手，免得不小心把細菌吃進肚子裡，結果生了病。生病時要乖乖看醫生，不要胡亂去藥局買抗生素吃。醫生開給你的藥一定要按照時間吃，而且通通吃完，因為當你斷斷續續的服藥，造成血液裡抗生素的濃度不穩定，沒法徹底殺死細菌時，就等於提供一個讓細菌習慣抗生素、發展出抗藥性的環境，助長抗藥性菌種的出現……」

穎穎追著抗生素騎士的聲音拼命往前跑，但那聲音卻越來越遠、越來越微弱。

「……要記住，新種抗生素從開發到上市，需要十年以上的時間，投入的研發成本少說也要

上百億，但細菌只需幾分鐘就能發展出抗藥性。在抗生素出現前，傳染病的致死率是 60% 到 90%，倘若人類繼續濫用抗生素，一旦超級細菌坐大，醫師無藥可用、僅能束手讓傳染病帶走病患生命的黑暗時代很快就會重新降臨……」

穎穎猛的張開眼睛，病房的白色天花板頓時映入眼底。他轉過頭，看見媽媽坐在床邊的小沙發上，正在看一本書。

「穎穎，你醒啦。」媽媽馬上發現他醒了，笑著說：「昨晚你不是說很想知道發明抗生素的人的故事嗎？還不快點起床看爸爸幫你找到的書。」說著把書遞了過來。

「不是『發明』，是『發現』。」穎穎糾正媽媽的話，一骨碌爬起床，接過書本一看，書名是《抗生素大使：弗萊明》。封面是他很熟悉的弗萊明先生，一手拿著青黴菌的培養皿，一手拿著棉花棒，他的嘴唇緊抿，雙眼炯炯有神。

　　轉到封底，穎穎不敢置信的瞪大雙眼，忍不住揉揉眼睛，又再揉揉眼睛。

　　只見封底插畫上，又高又帥的抗生素騎士拿著頭盔，騎在戰馬上，一派意氣風發。然後，他彷彿發現有人在看自己，於是微側過臉望過來，跟穎穎眨眨眼睛，又眨了眨眼睛。

後記

　　在人類對抗疾病的漫長戰爭中，抗生素的發現無疑是一項相當重要的突破。沒有抗生素，細菌引發的種種疾病都將無法治癒，人們不僅來不及活到罹患癌症、心血管疾病、糖尿病等慢性病的年齡，就已因腸胃炎、肺炎、肺結核等傳染病而喪命，就連進行最簡單的外科手術也像是遊走在鬼門關前，運氣一個不好就得跟這個世界說再見。抗生素無疑是醫師手上最有效的抗菌利器，它的發現者——亞歷山大‧弗萊明——也因這項救人無數的偉大發現而享譽全球。依據統計，弗萊明畢生得到世界各國各單位頒贈的獎章共一百七十二個，很可能是有史以來因單一成就獲獎最多的人。

　　然而，就像巴斯德的名言「機會只眷顧有準備的人」，弗萊明的成就也不是如某些人所以為

的，純粹出於「偶然」或「機運」。他早期的一系列有關傷口感染的重要研究，證明他是個很有創造力的研究者，而後來發現的溶菌酶，更顯示他除了學問紮實外，還有敏銳的觀察力。細心、創造力與紮實的學問，這三者的集合再加上一點運氣，才讓他注意到培養皿上那團黴菌的不尋常之處，於是有了劃時代的發現：青黴素。

但青黴素的問世並不是弗萊明一人之功。富勒理與錢恩率領的牛津團隊，是青黴素能夠純化並穩定下來的關鍵因素。可以說，沒有牛津團隊的堅持不懈，青黴素也只是醫學期刊上的一篇研究報告而已。等到青黴素的效果確立，抗生素革命的號角頓時響起，科學家們開始上天下海、滿世界搜羅菌種，鏈黴素、金黴素、土黴素、四環黴素……遂一一出現在世人面前。不過短短二十

年，我們今日所使用的抗生素種類，便通通到齊了。

隨著抗生素的廣泛使用，「傳染病終將消失」的樂觀預言一時間甚囂塵上，卻不知抗藥性菌種也悄然擴散。時至今日，大部分的細菌都至少對一種抗生素產生了抗藥性，一半以上的菌種對二到三種抗生素有抗藥性，而能對抗現今所有抗生素的超級細菌，也已經有了七十多個家族成員。人類若再不愛惜手上的抗生素，等到超級細菌擴散開來，所有抗生素都失了效的時代，很快就會到來——而這也是弗萊明早在 1936 年就提醒我們的事。

1945 年，弗萊明與富勒理、錢恩一起榮獲諾貝爾生理醫學獎，表彰了他一生的學術成就，各界的讚譽也隨之而來。不過弗萊明並未因此沖昏

了腦袋。他隨著年歲與閱歷的增長，克服了自己內向沉默的那一面，而能更好的扮演他自命的「抗生素的世界大使」這個角色，不斷應邀巡迴歐美各國大力宣導抗生素的應用，造福廣大人群，但他始終是個謙虛的人，認為抗生素是大自然的發明創造，自己只是偶然發現抗生素的存在而已。

　　弗萊明的故事告訴我們的，或許是腳踏實地的重要性。一個鄉下窮孩子，幾經周折才念上了醫學院。然後他默默努力，一步一腳印，在自己的專業領域內慢慢有了成就，最後終於成為醫藥史裡定要記上一筆的人物。有道是「曖曖內含光」，有實力、有才華的人，終有一天能讓世界看見他的璀璨光華。

弗萊明　　　　　　　　　　　　小檔案

1881 年　　誕生於蘇格蘭達文鎮附近的洛區菲爾農場。

1895 年　　離開家鄉，前往倫敦。

1897 年　　在船務公司工作。

1901 年　　就讀於聖瑪莉醫學院。

1906 年　　通過考試，取得醫師資格，旋即進入萊特的預
　　　　　　防注射部，擔任研究助理。

1909 年　　取得外科醫師執照，但決定繼續留在預防注射
　　　　　　部工作。

1914 年　　第一次世界大戰爆發，弗萊明隨萊特前往法國，
　　　　　　從事傷口感染的研究。

1915 年　　與雪莉・馬克艾洛伊結婚。

1919 年　　戰爭結束，弗萊明返回英國倫敦。

1921 年　　與妻子在英國薩福克郡的巴頓米爾鎮買了房
　　　　　　子，命名為「杜莊」，並發現了溶菌酶。

1924 年　　獨子羅伯特誕生。

1928 年　　發現青黴菌，並且成為聖瑪莉醫學院的細菌學

教授。

1929 年　將青黴菌所產生的抗菌成分命名為「青黴素」。

1940 年　牛津團隊的錢恩純化出足夠進行動物實驗的青黴素，富勒理成功完成實驗，發表論文。弗萊明前往牛津，拜訪富勒理與錢恩。

1942 年　弗萊明將青黴素注入病患的脊髓腔，成功治癒他的腦膜炎。

1943 年　獲選為英國皇家學會會士。

1944 年　因發現青黴素，受封為爵士。

1945 年　榮獲諾貝爾生理醫學獎。

1946 年　萊特正式退休，弗萊明接掌「預防注射部」。

1949 年　妻子雪莉去世。

1953 年　再娶阿瑪莉亞・弗瑞卡。

1955 年　心臟病發作，去世。

參考資料

書籍

- 《亞歷山大・弗萊明》╱Steven Otfinoski 著;劉芳譯
- 《抗生素的迷思》╱Stuart B. Levy 著;林丹卉、王惟芬合譯
- *Alexander Fleming*╱Richard Hantula 著
- *Alexander Fleming: Pioneer with Antibiotics*╱Beverley Birch 著
- *Penicillin Man: Alexander Fleming and the Antibiotic Revolution*
  ╱Kevin Brown 著

生命教育首選讀物

養成良好品格，激發無限潛力，打造下一個領航人物！

你可以像自由鬥士 曼德拉 一樣找到自己的理想嗎？

你能像世界知名設計師 可可 · 香奈兒 一樣隨時發揮創意嗎

你想成為像搖滾巨星 約翰 · 藍儂 一樣的萬人迷嗎？

讀完他們的故事，你也做得到！

◆ 近代人物，引領未來航線
◆ 橫跨領域，視野真正全面
◆ 精采後記，聚焦全書要點
◆ 彩色印刷，吸睛兼顧護眼

全系列共二十冊
陸續出版

著名兒童文學作家 **林良**
國語日報社總編輯 **馮季眉** 誠摯推薦

一套充滿哲思、友情與想像的故事書
展現希望、驚奇與樂趣的
我的蟲蟲寶貝！

想知道

迷糊可愛的毛毛蟲小靜，為什麼迫不及待的想「長大」？

沉著冷靜的螳螂小刀，如何解救大家脫離「怪傢伙」的魔爪？

膽小害羞的竹節蟲阿比，意外在陌生城市踏出「蛻變」的第一步？

老是自怨自艾的糞金龜牛弟，竟搖身一變成為意氣風發的「聖甲蟲」？

熱情莽撞的蒼蠅依依，怎麼領略簡單寧靜的「慢活」哲學呢？

Let's Go!
隨著昆蟲朋友一同體驗生命中的奇特冒險
學習面對成長過程中的種種難題
成為人生舞臺上勇於嘗試、樂觀自信的主角！

兒童文學叢書

每個孩子都是天生的詩人

您是不是常被孩子們千奇百怪的問題問得啞口無言？
是不是常因孩子們出奇不意的想法而啞然失笑？
而詩歌是最能貼近孩子們不規則的思考邏輯。

小詩人系列

 現代詩人專為孩子寫的詩

 親子共讀，促進親子互動

 詩後小語，培養鑑賞能力

 豐富詩歌意象，激發想像力

 釋放無限創造力，增進寫作能力

國家圖書館出版品預行編目資料

弗萊明 / 郭怡汾著;簡志剛繪.－－初版一刷.－－臺北
市: 三民, 2014
面; 公分.－－(兒童文學叢書/近代領航人物)

ISBN 978－957－14－5870－0　(平裝)

1. 弗萊明(Fleming, Alexander, 1881－1955) 2.傳記 3.
通俗作品

781.08　　　　　　　　　　　　　　　102026003

©　弗萊明

著 作 人	郭怡汾
繪　　者	簡志剛
主　　編	張蒸風
企劃編輯	莊婷婷
責任編輯	蔡宜珍
美術設計	黃顯喬
發 行 人	劉振強
著作財產權人	三民書局股份有限公司
發 行 所	三民書局股份有限公司
	地址　臺北市復興北路386號
	電話　(02)25006600
	郵撥帳號　0009998-5
門 市 部	(復北店)臺北市復興北路386號
	(重南店)臺北市重慶南路一段61號
出版日期	初版一刷　2014年1月
編　　號	S 782350

行政院新聞局登記證局版臺業字第○二○○號

有著作權‧不准侵害

ISBN　978-957-14-5870-0　　(平裝)

http://www.sanmin.com.tw　三民網路書店
※本書如有缺頁、破損或裝訂錯誤,請寄回本公司更換。

.